# Leben und Legende der heiligen Elisabeth

Nach Dietrich von Apolda
Mit 14 Miniaturen
der Handschrift von 1481

Insel Verlag

Insel-Bücherei Nr. 1172

Übersetzt und mit einem Nachwort versehen
von Rainer Kößling


Bezugspapier: Buntpapier, Modeldruck, deutsch, um 1770
Deutsches Buch- und Schriftmuseum der Deutschen Bücherei Leipzig
Inventar-Nr. AE 20691 (Sammlung Seegers)
Satz: Hümmer GmbH, Waldbüttelbrunn
Druck: Memminger MedienCentrum AG
Printed in Germany
Erste Auflage 1997
ISBN 978-3-458-19172-8

6 7 8 – 12 11 10 09 08

Anrufung des heiligen Franziskus
und der heiligen Klara

## Die Lebensbeschreibung und die Legende der heiligen Elisabeth

Im Namen des Vaters und des Sohnes und des Heiligen Geistes. Amen. Dies ist die Lebensbeschreibung und die Legende der gottseligen St. Elisabeth, der Tochter des edlen Königs von Ungarn, die nach Gottes Willen und Fügung mit dem edlen Fürsten Landgraf Ludwig von Thüringen vermählt wurde.

## Zuerst folgt die Vorrede zu diesem Buch

Als ich, Dietrich von Thüringen, ein Bruder des Predigerordens und Priester, wiewohl unwürdig, über sechzig Jahre alt war und dem Orden vierzig Jahre angehörte, begann ich im Jahre 1289 nach Christi Geburt und sechzig Jahre nach St. Elisabeths Lebenszeit dieses Büchlein zu schreiben.

Ich bekenne vor Gott und seinen Engeln, daß ich in diesem Buch nur niedergeschrieben habe, was ich in zuverlässigen Quellen fand und was ich von glaubwürdigen Leuten erfuhr, die es mit ihrem Eid bekräftigten. So habe ich es mit viel Fleiß und Mühe aufgezeichnet, zu Lob und Ehren des allmächtigen Gottes und in Verehrung der heiligen Elisabeth.

## Von dem edlen Geschlecht ihrer Eltern. Und wie ihre Geburt von dem Sterndeuter prophezeit wurde

Zu der Zeit, als Herzog Philipp von Schwaben, Kaiser Heinrichs Bruder, und Herzog Otto, der Sohn Herzog Heinrichs, welcher über Oberbayern und Sachsen herrschte, von den Kurfürsten in Zwietracht erwählt worden waren und um den Besitz der römischen Kaiserwürde tod- und verderbenbringend gegeneinander Krieg führten, lebte in Deutschland der edle Fürst Landgraf Hermann von Thüringen, ein gestrenger Regent und streitbar wider seine Feinde. Dieser Herr war mit König Ottokar von Böhmen durch Geburt und Abstammung sehr nahe verwandt. Um des Friedens willen stachelte dieser Herr die genannten Kaiser an, gegeneinander zu kämpfen.

Zur selben Zeit lebte in Ungarn ein edler und reicher Meister, der in der Naturkunde und in allen weltlichen Wissenschaften gründlich gelehrt und in der Sterndeutung wohl bewandert war, Klingsor mit Namen. Dieser Meister wurde wegen einer Streitsache auf ausdrücklichen Wunsch der Fürsten nach Thüringen gerufen. Als er in die Stadt Eisenach gekommen war und noch bevor er den Landgrafen von Thüringen aufgesucht hatte, saß er eines Nachts in seiner Herberge und beobachtete mit großer Aufmerksamkeit am Himmel die Sterne. Da baten ihn die Anwesenden, falls er in den Gestirnen etwas Verborgenes gelesen hätte, es ihnen mitzuteilen. »Ich sehe einen Stern«, gab er zur Antwort, »der leuchtet von Ungarn bis nach Marburg und von Marburg über die ganze Welt. Ihr sollt daher wissen, daß dem König von Ungarn in dieser Nacht eine Tochter geboren wurde. Sie wird Elisabeth heißen und heilig werden, und man wird sie dem Sohn dieses Fürsten zur Frau geben. Ihre Heiligkeit wird das ganze Land erfreuen und erhöhen; denn ihr Lobpreis und ihre Heiligkeit wird von Ungarn nach Marburg gelangen, und von Marburg in alle Welt.«

Siehe, Gott, der vor langer Zeit seine Geburt als Mensch durch den Zauberer Bileam verkündete, hat Geburt und Namen seiner auserwählten Dienerin durch jenen Mann ebenfalls offenbart. Nun spricht der große Albertus, wie bald Christus in seinem heiligen Kind zu wirken begann: Als es noch in dem Schoße seiner Mutter geborgen lag, bescherte seine Heiligkeit dem Lande Frieden und dem Erdreich Fruchtbarkeit. Seine Geburt brachte viel Glück mit sich.

Gertrud gebar eine Tochter, und diese
erhielt den Namen Elisabeth

Wer war die heilige Elisabeth?
Wo finden wir heute noch
Spuren von Ihrem Schaffen?

## Von dem Reichtum und der Macht des Königs von Ungarn. Und wie seine Tochter mit kostbaren Gaben nach Thüringen geleitet wurde

Zu derselben Zeit herrschte – wegen seines Reichtums und seiner Macht ansehnlich und berühmt – in Ungarn König Andreas.

Seine eheliche Gemahlin war Königin Gertrud, eine Tochter des edlen Herzogs von Kärnten. So wie es Gott zuvor offenbart hatte, gebar sie eine Tochter, eine Zierde ihres ganzen Geschlechts, und diese erhielt den Namen Elisabeth. Das geschah im Jahre 1207 nach Gottes Geburt. Die selige Frucht wurde ihnen als eine besondere Gabe Gottes und dank der Gnade und Fürsprache der Himmelskönigin Maria geschenkt. Denn da sie kinderlos waren, hatten sie vor Gott und der verehrten Mutter Gottes ein großes Gelübde abgelegt, damit Gott ihnen ein Kind schenkte, und dieses Gelübde auch in frommer Ergebenheit erfüllt.

Sehr bald darauf wurde ebendieses auserwählte und heilige Kind Elisabeth, noch bevor es der Mutter entwöhnt war, nach Gottes Fügung dem tugendsamen jungen Ludwig, Landgraf Hermanns erstgeborenem Sohn, versprochen und anverlobt.

Der Landgraf pflegte sich nun stets nach dem Mädchen zu erkundigen. Da fügte es sich einmal, daß ein Barfüßer zu ihm kam und sprach: »Ich war seit meinem vierten Lebensjahr blind und hatte zudem eine gelähmte Hand. Ich ging zu dem Kind, es legte mir einen Apfel hinein, von dem es abgebissen hatte. Mit dem Apfel strich ich mir über die Hand und die Augen, und sogleich wurde ich gesund. Das ganze Ungarland empfand Freude über das Kind, denn es hat mit sich Frieden und Glück gebracht.« Als der Landgraf dies vernahm, wurde er froh. Danach, noch bevor sie ihr viertes Lebensjahr vollendet hatte, sandte Landgraf Hermann würdige, edle Boten, Herren und Damen, nach Ungarn, damit sie die Königstochter nach Thüringen geleiteten. Die vornehmsten unter ihnen waren Graf Meinhart von Mühlberg, der Edelmann Herr Walther von Vargula, und Frau Bertha. Wie es sich geziemte, reisten sie mit fürstlichen Würden, zahlreichem Gefolge und in einem ansehnlichen Zug. Bei allen Fürsten und Herren, durch deren Land sie zogen, fanden sie auf der Hin- und Rückreise ehrenvolle Aufnahme. Sie kamen zum König von Ungarn auf die Feste Preßburg und wurden nach königlicher Sitte würdig mit Freude und Ehren empfangen. König Andreas war ein gütiger und friedsamer Mann. Seine Königin war tugendhaft und verstand gute Absichten durchzusetzen, denn sie besaß in ihrem weiblichen Körper einen männlichen Sinn und regelte alle Angelegenheiten des Königreiches. Sie traf sämtliche Vorbereitungen, um ihre Tochter zu dem Fürsten nach Thüringen zu senden. Die Boten des Landgrafen beschenkte sie großzügig, wie es sich an einem Königshof geziemte.

Als alles bereitet war, Gold und Silber und seidene Tücher, übergab sie ihre Tochter Elisabeth in einer silbernen Wiege. Der König sprach zu Herrn von Vargula: »Ich vertraue meinen Trost deiner Treue und deiner Ritterehre an.« Mit Tränen in den Augen befahl ihm auch die Königin ihre Tochter an. Er erwiderte: »Gern werde ich sie unter meinen Schutz nehmen.« Darauf sprach die Königin: »Sagt eurem Herrn, er soll guten Mutes sein! Ich will ihn, wenn Gott mich am Leben erhält, mit größerem Reichtum beschenken.« Und sie sandte dem Landgrafen große goldene und silberne Gefäße von mancherlei Form, die kunstvoll geschmiedet und sehr wertvoll waren, ferner edle Kleinodien, kostbare Kleider und eine silberne Wanne, in der die Jungfrau Elisabeth gebadet werden sollte, weiterhin Bettwäsche und Decken, alles aus Seide; Purpurgewänder, kostbare Tücher und mancherlei Hausrat, wie er zur Hofhaltung gehört: ein großer Schatz! Und überdies an Geld tausend Mark. Kurz gesagt, sie schickte so viel, daß man so schöne, kostbare und erlesene Schätze, wie sie die Königin ihrer Tochter mitgab, niemals nach Thüringen gebracht, noch jemals dort erblickt hatte. Anschließend wurde die Jungfrau Elisabeth nach Thüringen geleitet und da mit allen Freuden empfangen. Der Landgraf freute sich von Herzen über die Braut seines Sohnes, drückte sie an seine Brust und dankte Gott dafür, daß er sie für jenen bestimmt hatte. Das edle Kind wurde auf geziemende Weise mit aller Sorgfalt erzogen. Im dritten Jahr nach der Ankunft der gottseligen Elisabeth in Thüringen wurde ihre Mutter, die Königin, von den Landesfürsten und Edelleuten Ungarns, die sich gegen ihr Leben verschworen hatten, grausam getötet.

## Von Elisabeths wundersamer, unschuldiger Kindheit

Wunderbar in seinen Heiligen und heilig in allen seinen Werken ist Gott der Herr! Er wohnt in seinen Auserwählten und bewirkt Wunder durch sie. Denn er schaut nicht auf das Alter der Zeit oder die Armseligkeit des Lebens, sondern vollbringt nach dem Ratschluß seiner unerschöpflichen Weisheit in den Seinen die Werke seiner Barmherzigkeit. Mit seiner Hilfe, ohne die niemand stark noch heilig ist, gab die edle und gottgefällige Elisabeth schon während ihrer Kindheit, ehe sie noch das Wesen der Tugend zu erkennen oder ihre Vernunft zu gebrauchen vermochte, ein Abbild ihrer künftigen Heiligkeit. Oft lag sie ausgestreckt vor dem Altar und küßte mit ihrem Mund die Erde; oft auch kniete sie mit emporgestreckten Händen, die Augen zum Himmel gerichtet. Wenn sie mit anderen Kindern nach Kinderart laufen oder springen sollte, rannte sie zu der Kapelle. Fand sie die Tür verschlossen, dann küßte sie demütig die Schwelle oder die Mauer, um Gott zu ehren. Häufig maß sie sich auch zusammen mit den anderen kleinen Mädchen, wobei sie knieten, um dadurch eine Veranlassung für einen Kniefall zu finden. Selbst bei den Kinderspielen richtete sie die Hoffnung zu gewinnen auf Gott, denn sie schenkte von ihrem Gewinn stets den zehnten Teil armen Kindern und nötigte sie zugleich, ein Paternoster und ein Ave Maria zu beten. Sobald sie bei sich eine Lust am Siegen verspürte und erkannte, daß sie das Spiel gewinnen würde, erklärte sie: »Um Gottes willen werde ich jetzt aufhören.« Man kann hieraus ersehen, wie in einem kleinen, kaum fünfjährigen Kind Gottes Kraft wirksam war. Während andere Kinder häufig in ihren ersten Lebensjahren zu Ungezogenheiten neigen, bewies Elisabeth mit der Hilfe des Heiligen Geistes in der

Elisabeth lag oft ausgestreckt vor dem Altar

ersten Blüte ihrer Kindheit an ihrem kleinen Körper ihre zukünftige Vollkommenheit. Das fromme kleine Fräulein zog auch öfter mit seinen Spielgefährten auf den Kirchhof und sprach zu ihnen: »Laßt uns um das Gotteshaus herumgehen und dabei Gebete sprechen!« Das wünschte sie, damit sie desto längere Zeit beteten. Danach sagte sie zu den Kindern: »Denkt daran, daß wir zu Staub werden müssen!« und weiter: »Hier liegen tote Menschen begraben. Sie lebten gleich uns und sind nun tot. Uns wird es ebenfalls so ergehen. Daher sollen wir Gott liebhaben. Sprecht mir die Worte nach: ›Herr, um deines schmerzenreichen Todes und deiner lieben Mutter Maria willen erlöse diese von ihrer Pein!‹« Dies tat sie sehr häufig, so daß Meister Albertus sagt: »Ich meine, sie kam nie von dort, ohne durch ihr Gebet nicht wenigstens eine Seele erlöst zu haben.« Da die kleinen Kinder oft sahen, daß unser Herr Jesus Christus zu ihr kam, sie grüßte und freundlich mit ihr spielte, verbot sie den Kindern, davon etwas zu erzählen. Bisweilen war es schmutzig und naß, wo die Kinder sich zum Beten anschickten; dennoch blieben ihre Kleider sauber und trocken. So ließ unser Herr St. Elisabeth ihm selbst gleich sein: Wenn er nämlich seiner lieben Mutter in seinem Krug Wasser brachte, wurde er nicht naß.

Noch bevor St. Elisabeth ein volles Jahr in Thüringen gelebt hatte, starb der Vater ihres Bräutigams, Landgraf Hermann. Nun begann sie an Gnaden und Tugenden täglich reicher zu werden, auf allen Wegen Gott in ihren Gedanken sowie vor ihres Herzens Augen zu haben, ihn voller Innigkeit anzurufen, liebevoll zu benennen und ihre Sinne, Worte und Werke auf ihn hin zu richten, Schmuck für den Körper, Tänze und anderen irdischen Tand zu meiden und zu verachten und jeden Tag durch ihr andächtiges Gebet Gott ein Opfer zu bringen. Wenn sie jedoch die Zahl der täglichen Stundengebete einmal nicht erfüllt hatte und schlafen gehen mußte, lag sie im Bett [wach, vollendete sie] und war Tag und Nacht mit ihren Gedanken bei Gott. Wenn sie sah, wie sich überall die Leute einen Apostel erwählten, um ihm ihre Seele zu empfehlen, wünschte sie aus Liebe zur Keuschheit, den Evangelisten St. Johannes, den Bewahrer der Reinheit, zu ihrem Patron und Apostel zu wählen. Nachdem sie ihr Gebet verrichtet und Gott um Gewährung angerufen hatte, begab sie sich in Ergebenheit mit den anderen zur Erwählung. Ihrem Wunsche gemäß erschien St. Johannes dreimal bei ihr, sie empfing ihn liebevoll mit tiefer Innigkeit und ehrte ihn mit allem Eifer. Wenn jemand sie im Namen St. Johannis um einen Schuldenerlaß oder eine Hilfeleistung bat, gewährte sie es mit froher Miene.

Die Feiertage beging die fromme Jungfrau mit emsiger Beflissenheit und in tiefer Andacht. An diesen Tagen mochte sie sich nicht wie an anderen schmücken, weil sie richtig erkannte, daß man Gott nicht durch prachtvolle Kleidung ehrt, sondern mit der Ergebenheit des Herzens. Sie wollte deswegen an Feiertagen vormittags keine Handschuhe tragen noch ihre Ärmel eng einschnüren, denn sie pflegte sich in ihrer Kindheit all dessen, was körperliche Lust erregt, zu enthalten, insbesondere des Spieles und des Tanzes. Wenn sie nach Kinderart mit den anderen kleinen Mädchen tanzen sollte, tanzte sie einmal mit ihnen rundum; danach lehnte sie es für diesmal ab weiterzutanzen. »Es genügt«, erklärte sie vielmehr, »daß ich eine Runde für die Welt getanzt habe. Auf die weiteren Umzüge werde ich um Gottes willen verzichten.«

## Vom Wachsen der Gnade ihres gottgefälligen Lebens. Und von der Leidensfähigkeit, die sie in ihrer Jugend bewies

Jungfrau Elisabeth, die ein sehr frommes Kind war, und Jungfrau Agnes, die Schwester ihres Bräutigams, ein hübsches Mädchen, wuchsen miteinander auf und wurden gemeinsam erzogen. Auch trugen beide gleiche Kleider. Eines Tages gingen sie, standesgemäß mit einer Krone von Gold und Edelsteinen geschmückt und hell strahlend, wie es ihre Gewohnheit war, mit Frau Sophie, Landgraf Hermanns Gattin, in die Kirche. Als sie zusammen an ihrem Platz standen, im strahlenden Schmuck der Kronen, hob St. Elisabeth sogleich die Krone von ihrem Kopf, stellte sie neben sich und wollte sie vor dem Ende des Gottesdienstes keinesfalls wieder aufsetzen. Die Fürstin Sophie, ihre zukünftige Schwiegermutter, zeigte sich verwundert und fragte sie nach dem Beweggrund und der Bedeutung ihres Verhaltens. Da antwortete die gottselige Elisabeth: »Es sei mir fern, daß ich armselige irdische Kreatur in Gegenwart unseres Gottes und Königs Jesu Christi, den ich mit Dornen gekrönt vor mir sehe, stolz mit einer Krone erscheine.«

Siehe, welch tiefe Wunde das junge Herz empfangen und wie das Schwert des Leidens unseres Herrn Jesu Christi die fromme Seele durchstoßen hatte, daß sie mit so großem Eifer danach strebte, unserem Herrn Jesus Christus in der Erniedrigung zu gleichen.

Am Fürstenhofe gab es damals einige Räte und einflußreiche Männer, bei denen die guten Werke der Jungfrau Elisabeth tiefsten Unmut hervorriefen, und sie machten ihr durch bittere Schmähungen, vielerlei Hohn und Verachtung das friedsame und fromme Herz schwer. Hinzu kam, daß ihre zukünftige Schwiegermutter sowie die Schwester ihres Bräutigams an weltlichen Ehren und irdischer Macht Gefallen hatten und sich darin von der demütigen Elisabeth sehr unterschieden. Bei ihnen allen blühte und grünte die unschuldige Elisabeth gleich einer Lilie zwischen Dornen, und die spitzen Dornen stachen die reine Lilie. Doch von ihrer Ergebenheit und Leidensbereitschaft ging ein wunderbarer Geruch, ein Duft von betörender Süße aus. Voll Sanftmut hörte sie sich alle bösen Worte an und senkte ihr Haupt. Sie wollte nicht mit großen und hoffärtigen Dingen umgehen, sondern sprach mit den Armen und mit ihren Dienerinnen. Wen überraschten bei einer Jungfrau in so frühem Alter nicht diese Gaben der Gnade, solche Beweise der Tugend? Was glaubst du, welchen Duft die reife Frucht haben wird, von deren Blüte ein so süßer Hauch ausging? Sie hat ihre Wurzeln sehr tief in die Erde hinabgesenkt, deshalb wird die Frucht weit oben in der Höhe wachsen. Sie wird viele Früchte tragen, weil sie von dem Ertrag ihrer Hände einen Weinberg gepflanzt hat. Daher werden in ihr viele reine Tugenden wachsen und Trauben der Gnade mit dem Wein der Herzensgüte.

Nach ihrer Kindheit kam die gottbeseelte Elisabeth ins Jugendalter. Mit der Anzahl ihrer Lebensjahre wuchs auch im Grunde ihrer Seele die Abwendung vom Irdischen. Der Heilige Geist entfachte ihre glühende Liebe zu Gott sowie die Frömmigkeit und die Andacht ihres Gebets. Im äußeren Leben jedoch bereitete ihr die Bosheit der Welt zunehmend Kummer und Schmerz. Als sie nun das Heiratsalter erreicht hatte, besaß ihr Verlobter, der Landgraf, einige Freunde, Ratgeber und Dienstleute. Statt St. Elisabeth wegen ihrer Tugendhaftigkeit zu lieben und zu ehren, denn sie hatten von ihrer Seite nur Gutes erfahren, hegten sie gegen St. Elisabeth offene Feindschaft. Sie hatten sich vollständig von ihr abgewandt und vergalten nun ihre Wohltaten auf die schändlichste Weise. Durch hinterhältige Ratschläge suchten sie ihren Bräutigam, den jungen Landgrafen, gegen sie einzunehmen, damit er sich von ihr trennte und sie ihrem Vater, dem König von Ungarn, schmählich zurücksandte. Diesen Rat erteilten sie dem Fürsten gemeinsam und erklärten unumwunden, die Mitgift ihres Vaters sei zu ärmlich ausgefallen. Reicheren Besitz und wirkungsvollere Unterstützung könnte er erlangen, wenn er zur Ehefrau die Tochter eines Fürsten nähme, der in der Nähe seines Landes ansässig wäre. Außerdem wirkte Frau Sophie mit allem Nachdruck darauf hin, daß man St. Elisabeth in ein Nonnenkloster einwiese. Unter diesen Umständen wurde der tugendsamen Jungfrau St. Elisabeth ihre Verlassenheit bewußt, daß sie sich fern vom Reich ihres Vaters befand und hinweg von allen Freunden in ein fremdes Land gebracht worden war. In ihrem Elend sah sie sich von allen Leuten verachtet. Da seufzte sie aus tiefster Seele, flüchtete sich zu Gott, der ihre einzige Zuflucht war, und klagte ihm ihre Not: »Herr Jesus Christus, der du allmächtig bist und alle Herzen erkennst, du weißt auch sehr wohl, daß ich meine Reinheit gern behalten möchte. Da mich aber mein Vater und meine Mutter, denen ich billigerweise Gehorsam schulde, weggegeben haben, bitte ich dich, daß du mir ein Leben nach deinem Wohlgefallen schenkst und mich vor allem Übel bewahrst.« Sie vertraute Gott, dem Allmächtigen, Herz und Sinne an und begab sich ganz unter das Regiment der göttlichen Güte. Wie es zuvor schon ihre Gewohnheit gewesen war, gesellte sie sich zu den Armen. Gern hielt sie sich auch bei den Mägden auf, mit denen sie freudig niedere Arbeiten verrichtete. Ihre künftige Schwiegermutter herrschte sie deswegen zornig an: »Du würdest besser zu einer Dienstmagd taugen als zu einer Fürstin!« Bei allem Schelten der Mächtigen und Schmähen der Hoffärtigen vertraute die Jungfrau Elisabeth in ihrem Innersten ganz auf Gott, den Herrn. Und er versagte ihr auch seinen Beistand nicht. In seiner Gnade ließ er vielmehr das innige Verlangen ihres Bräutigams, des Fürsten, nach der armen Königstochter so heftig entbrennen, daß dieser ihr heimlich immer wieder herzliche, liebevolle und tröstliche Worte sagte. Kam er aus anderen Gegenden oder Städten wieder zurück, dann brachte er ihr wertvolle Geschenke mit und umfing sie in keuscher Liebe.

## Von den Zweifeln am Zustandekommen der Ehe des Fürsten. Und wie die heilige Elisabeth mit dem Landgrafen vermählt wurde

Das viele Gerede der Leute und mancher böswilliger Ratgeber erregte bei einigen Zweifel, ob der Fürst die Jungfrau Elisabeth zur Ehefrau nehmen wollte. Doch gab es im Lande Thüringen etliche edle, fromme und redliche Menschen, die sich den bösen Ratschlägen der treulosen Ratgeber klug widersetzten. Zu ihnen gehörte der ehrbare Ritter, Herr Walther von Vargula, der die edle Elisabeth von Ungarn nach Thüringen geleitete, da ihn der Vater dieses Fürsten, Landgraf Hermann, zu ihr gesandt hatte. Als eben dieser Ritter einmal mit dem Landgrafen, dem Bräutigam der heiligen Elisabeth, über das Feld ritt, sagte er insgeheim zu dem Fürsten: »Erlaubst du, Herr, daß ich dich etwas frage, und willst du mir unumwunden antworten?« »Rede nur frei«, erwiderte der Fürst freundlich, »und was nicht unziemlich ist, das werde ich dir offen sagen!« »So laß mich wissen«, fuhr der Ritter fort, »was du mit des Königs Tochter im Sinn hast. Willst du sie zur Frau nehmen oder zu ihrem Vater zurücksenden?« Da deutete der Fürst auf einen hohen Berg, der vor ihnen lag, und sprach: »Glaube mir, wäre dieser Berg von unten bis oben aus lauterem, feinem Gold – es fiele mir leichter, ihn zu verschmähen, als von der Ehe mit Elisabeth Abstand zu nehmen. Mag ein jeder denken und reden, was er will, mir ist Elisabeth so lieb, daß ich sie nicht vergessen kann.« Da antwortete der Ritter: »Herr, bitte laß mich ihr diese deine Worte mitteilen!« »Ja«, erwiderte der Fürst, »und als Zeichen meiner treuen Gesinnung bring ihr, was ich ihr sende.« Er zog aus seinem Beutel einen Spiegel, der auf der Rückseite das Leidensbild unseres Herrn Jesu Christi trug. Als die Jungfrau Elisabeth ihn von dem Ritter empfangen und dessen Worte vernommen hatte, wurde ihr Herz froh und stark.

Weil Gott auf die verleumdete Elisabeth schauen und die Betrübte trösten wollte, zerstörte er hernach alle Ränke der Bösen und machte alle Reden der Mächtigen zunichte. Er bestärkte den Fürsten in seiner Zuneigung zu Elisabeth, so daß dieser seine herzliche Liebe zu der Jungfrau in aller Öffentlichkeit bekannte. Da wurden alle Mäuler der aufsässigen und ungetreuen Berater zugestopft, und von Stund an wagte niemand mehr ein Wort gegen die Vermählung und die Ehe des Fürsten mit St. Elisabeth zu äußern, denn sie war von Gott zur Ehe mit diesem Fürsten bestimmt. Dem Willen des Ewigen vermochte menschliche Bosheit und Torheit nicht zuwiderzuhandeln, noch konnte Menschenlist diejenigen trennen, die Gottes Vorsehung zusammengeführt hatte. Nun schau auf den glücklichen jungen Herrn, den keuschen Gemahl und edlen Fürsten, der seine Ehe nicht auf arglistige Ratschläge hin eingehen mochte, der seine Hoffnung nicht auf Schätze von Geld setzte und in dem Sakrament der Ehe nicht nach Gold suchte, da er sehr wohl wußte, daß eine vortreffliche Frau eine edle Gabe ist, die von Gott selbst für fromme Werke einem guten Manne gegeben wird. Achte aufmerksam auf die Gesinnung des keuschen jungen Herrn. Er sandte seiner lieben Braut nicht etwas, was zur Eitelkeit hätte verleiten können; sondern um die Gnade der Andächtigkeit zu vermehren, übersandte er ihr das allerteuerste Leidensbild unseres Herrn Jesu Christi.

So schloß im Jahre 1221 nach Christi Geburt der edle Landgraf Ludwig von Thüringen die Ehe mit der keuschen Jungfrau Elisabeth, der Tochter des Königs von Ungarn. Weil es Gottes Wille war, kamen sie zueinander: ein Gläubiger mit einer Frommen, ein Unschuldiger mit einer Unschuldigen, und führten miteinander mehr eine geistliche denn eine leibliche Ehe, und in der Liebe Gottes liebten sie einander inniger, als man es glauben möchte.

## Von der Heiligkeit der unzerstörbaren und gottgefälligen Ehe der seligen Elisabeth mit dem Landgrafen. Und von ihrem Eifer bei den andächtigen Gebetsübungen sowie von der Kasteiung ihres Körpers

Fest und gottgefällig war ihre Ehe, unbefleckt das Bett, worin sie sich vereinigten, nicht mit der Glut fleischlicher Lust, sondern mit der frommen Keuschheit einer lauteren Ehe. Die junge Frau, die jüngst in den Stand der Ehe getreten war, kasteite ihren geheiligten Körper durch häufiges Wachen. Jede Nacht, wenn ihr Gemahl schlief, und oft mit seiner Zustimmung, erhob sie sich und betete mit Inbrunst, so daß er sich um sie sorgte, sie ermahnte und bat, den müden Gliedern etwas Ruhe zu gönnen. Tief war die Gottergebenheit der jungen Frau, die sie dazu bewog, sich nachts von dem Bett ihres irdischen Gemahls hinwegzustehlen, um den Bräutigam ihrer keuschen Seele zu suchen und zu finden, Christus den Herrn, den sie aus ganzem Herzen lieb hatte. Nicht gering war das Verständnis des jungen Fürsten, der seine liebe und edle Gemahlin an der Verrichtung frommer Werke keineswegs hindern wollte, sondern ihren großen Eifer nur mit sanfter Bestimmtheit zu mäßigen wünschte. Ihre so keusche Liebe und so harmonische Gemeinschaft ließen es nicht zu, daß beide längere Zeit getrennt voneinander lebten. Darum folgte sie ihm oft mit unschuldigem Verlangen auf schlechten Wegen und bei widerlichem Wetter in die Ferne.

Die lautere Liebe des Gatten hinderte die allerreinste Frau nicht am Wachen, am Beten und an der Verrichtung anderer guter Werke. Vielmehr hatte er an ihrem gottgefälligen Lebenswandel seine Freude und bestärkte sie wohlmeinend darin. Auch beseelte die Gottesdienerin Elisabeth so große Leidenschaft und Andacht für das Beten, daß sie ihren Jungfrauen befahl, sie zum Gebet aufzuwecken, und ihnen auftrug, sie heimlich an ihren Zehen zu ziehen, damit sie nicht verschliefe. Dabei geschah es aus Versehen, daß die ehrbare Isentrut nach den Zehen des Fürsten faßte und ihn aus dem Schlaf weckte. Er begriff sogleich, daß dies mit ihrer Andacht zusammenhing, und schwieg geduldig dazu. Oft auch sprach sie nachts so lange unverdrossen ihr Gebet, bis sie vor dem Bett einschlief. Als ihre Dienerinnen sie darum schalten, gab sie ihnen zur Antwort: »Wenn ich schon nicht ohne Unterlaß beten kann, will ich meinem Körper wenigstens soviel Gewalt antun, ihm die Bequemlichkeit des Bettes eine Zeitlang vorzuenthalten. Sie mied alles, was da zur Sünde verlocken konnte, und so sehr es anging, entzog sie sich der Beiwohnung des Fürsten, wenngleich sie ihn von Herzen lieb hatte. Bitter beklagte sie es, daß sie die Zierde der jungfräulichen Reinheit nicht bewahren konnte. Sie kasteite ihren unschuldigen, lauteren Körper mit kräftigen Rutenschlägen besonders freitags und in der Fastenzeit. Vor den Leuten erschien sie mit einem fröhlichen Angesicht. Oft stand sie vom Bett ihres Gemahls auf, ging in ein separates Gemach und ließ sich von ihren Dienerinnen tüchtig und schmerzhaft mit Ruten geißeln. Dann kehrte sie unbetrübt und froh zu dem Fürsten zurück.

Wahrlich, es sind glückliche Eheleute, die in ihrer Gemeinschaft solche Reinheit wahren und in ihren Worten Keuschheit; in denen die Liebe Gottes alle Untugend auslöscht. Die Andacht und die Glut des Geistes verjagen alle Trägheit. Das Gebet schützt das Gewissen. Gottes Liebe schenkt die Freiheit und Möglichkeit, Wohltaten zu vollbringen. Darum lebten sie miteinander glücklich in der Furcht des Herrn.

Die gottselige Elisabeth besaß freilich keine theologische Bildung, und darunter litt sie schwer. Auf Anraten des Landgrafen, ihres Gatten, wandte sie sich mit einem Brief an Papst Gregor. Nachdem der Heilige Vater, der Papst, das Schreiben zur Kenntnis genommen hatte, sandte er nach Meister Konrad. Dieser war so weise, daß er in Deutschland keinen geeigneteren wußte, war gottesfürchtig und hatte in Paris studiert. Der Papst ersuchte ihn, sich um Gottes Willen der Fürstin Elisabeth anzunehmen, sie die heiligen Evangelien zu lehren und ihr die Heilige Schrift zu erläutern. Das tat Meister Konrad gemäß dem Wunsch des Papstes und des Fürsten. Als sie davon erfuhr, fastete sie, kasteite sich und sprach: »Ich bin nicht würdig, daß der fromme Mann sich um mich kümmert. Ich danke dir, Herr, für deine Gnade.« Sie ging ihm entgegen, begrüßte ihn und fiel vor ihm auf ihre Knie mit den Worten: »Mein geistlicher Vater, empfange mich, deine Tochter, von Gott. Ich bin deiner nicht würdig. Laß dir auch meinen Ehemann befohlen sein.« Da sprach Meister Konrad: »O Herr Jesus Christus, was bewirkst du mit den Deinen!«

Danach begann er mit der religiösen Unterweisung und lehrte sie zwölf Artikel, welche ihr den Weg zu einer vollkommenen Lebensführung wiesen. Der erste: Du sollst in selbsterwählter Armut verachtet leben und dies mit Geduld ertragen. Der zweite: Du sollst demütig sein und dich aller Macht begeben. Der dritte: Du sollst dich vor leiblicher Freude und Lust hüten, denn sie bereiten der Seele ewige Qual. Der vierte: Du sollst allzeit barmherzig sein. Der fünfte: Du sollst Gut, Herz und Sinn Gott weihen und stets an ihn denken. Der sechste: Du sollst Gott dafür danken, daß er dich durch seinen Tod erlöst hat. Der siebente: Du sollst bereitwillig leiden, denn Gott hat vieles um unseretwillen gelitten. Der achte: Du sollst dich Gott mit Leib und Seele hingeben. Der neunte: Du sollst daran denken, daß du von Gott hergekommen bist, und allzeit eingedenk sein, daß du zu ihm zurückkehren wirst. Der zehnte: Du sollst deinem Nächsten alles das erlassen, wovon du willst, daß er es dir erläßt, und ihm alles das tun, wovon du willst, daß er es dir tut. Der elfte: Du sollst alle Zeit daran denken, wie kurz das Leben ist, und daß ein Junger ebenso bald stirbt wie ein Alter. Strebe deshalb immer nach dem ewigen Leben. Der zwölfte: Du sollst deine Sünden stets bereuen und Gott bitten, daß er sie dir vergibt. Danach legte er ihr die Episteln und Evangelien aus. Sie prägte sich die Lehre fleißig ein und behielt sie fest im Gedächtnis.

## Wie die gottselige Elisabeth sich am Hofe verhielt. Und wie sie nach dem Besuch unseres Herrn weiter im Glauben wuchs

Entgegen der Gepflogenheit anderer Edelfrauen pflegte Frau Elisabeth bei Tisch an der Seite ihres Gemahls zu sitzen, um so ihre eheliche Verbundenheit deutlicher zu zeigen, wenn sie auch deshalb einige Unannehmlichkeiten auf sich nehmen mußte. Meister Konrad, dem sie mit Zustimmung ihres Gatten Gehorsam gelobt hatte, gebot ihr nämlich, allein solche Nahrung zu sich zu nehmen, die rechtmäßig erlangt worden war. Sie hatte drei Jungfrauen aus ihrem Gefolge um sich, die es ihr darin gleichtun wollten und den Fürsten um seine Erlaubnis baten. Er erklärte gnädig seine Einwilligung und fügte hinzu: »So würde ich auch gern leben, müßte ich nicht die üble Nachrede der Leute und Ärger befürchten. Aber mit Gottes Hilfe will ich mein Leben unverzüglich zum Besseren ändern.« Die gottgefällige Frau Elisabeth ließ von ihrer Morgengabe für sich und ihr Gesinde das Lebensnotwendige besorgen. Oft saß sie mit Rittern und Herren oben an der fürstlichen Tafel und verhielt sich, als ob sie speiste; sie brach Brot und verteilte andere Kost in der Runde und litt angesichts vielerlei Speisen Hunger und Durst. Manchmal aß sie nichts weiter als Honigküchlein oder trokkenes Brot. Mehr als an ihrem eigenen Hunger litt sie daran, daß ihre Dienerinnen darbten. Deshalb erkundigte sie sich emsig bei dem Gesinde, von wem die Speise oder der Trank des Tages kam. Sobald sie erkannte, daß die Speise zu Recht erlangt worden war, freute sie sich und sprach zu ihren Mägden: »Heute dürft ihr essen.« Nicht anders geschah es mit dem Getränk, wenn man es rechtens erworben hatte. Dann erklärte sie: »Heute dürft ihr trinken.« Wenn aber Speise und Trank rechtmäßig erlangt waren, sprach sie mit großer Freude: »Heute wollen wir essen und trinken!« Der verständnisvolle Fürst machte sie freundlich darauf aufmerksam, wenn er auf dem Tisch etwas wußte, was ihrem frommen Gewissen einige Unruhe bereiten konnte. Die häufigen Vorwürfe, die ihnen ihr eigenartiges Verhalten beim Essen und Trinken von den Ihren eintrug, ließen der Herr und die Herrin geduldig über sich ergehen. Denn die gottselige Frau Elisabeth wollte nichts zu sich nehmen, was durch Raub oder zum Nachteil anderer beschafft worden war. Sie bemühte sich vielmehr nach Kräften, die Betroffenen zu entschädigen.

Nun merke ein jeder auf, wundere sich und lerne, der Königstochter nachzueifern, die angesichts mancherlei fürstlicher Speisen die Not des Hungers und Durstes erleiden wollte. Nach solchen tugendhaften Werken wollte unser Herr, der allmächtige Gott, seine Dienerin Elisabeth zu höherer Vollkommenheit führen. An einem hohen Festtag geschah es, daß St. Elisabeth, mit überaus kostbaren Kleidern und vielen Edelsteinen geschmückt und eine goldene Krone auf ihrem Haupt, gemeinsam mit ihrer Schwiegermutter und anderen hohen Herrschaften von der Wartburg in das Städtchen unterhalb der Burg zum Gottesdienst ging. Als sie in die Kirche eingetreten waren, blickte sie nach ihrer Gewohnheit sogleich zum Kreuz unseres Herrn; denn sobald sie ihren Fuß in das Gotteshaus gesetzt hatte, erhob sie stets ihre Augen zum Leidensbild unseres Herrn Jesu Christi. Wie sie nun so zum Kreuz Christi schaute, ging es ihr zu Herzen, wie ganz entblößt, mit Dornen gekrönt und von Nägeln durchbohrt der Herr vor ihr hing. Sie begann bei sich Betrachtungen anzustellen und zu überlegen: ›Sieh nur, Gott der Herr, hängt da unbekleidet, und du unwürdiger Mensch trägst ein vornehmes Gewand; sein Haupt ist von Dornen zerstochen und dein Kopf mit Gold geziert.‹ Bei diesen Gedanken ergriff tiefes Mitleid mit unserem Herrn Jesus Christus so heftig ihr Herz, daß sie sogleich zur Erde niedersank, sprachlos und ohnmächtig. Die Anwesenden erschraken darüber, hoben sie auf, trugen sie zum Kirchenportal, legten sie dort nieder, damit sie Luft bekam, und besprengten sie mit etwas Weihwasser. Nach dieser

Begebenheit, bei der unser Herr sie so beseelt hatte, beschloß sie, wie Gott es ihr eingab, auf jeglichen erlesenen Goldschmuck oder Zierat fortan zu verzichten, weil sie dessen Notwendigkeit nicht zu erkennen vermochte.

## Vom Ablegen des weltlichen Zierats. Und wie sie sich verhielt, wenn der Fürst nicht im Lande weilte

Sie begann die Fürsorge für ihren Körper hintanzusetzen, die von Herzen fromme Dame, obgleich sie an einem Königshof geboren und ihr Leben lang erzogen worden war. Doch wie Unflat verabscheute sie alle lieblichen Zierden dieser Welt aus Liebe zu ihrem Gemahl Jesus Christus, den sie am Kreuz gesehen hatte und den sie in ihrem Herzen trug. Sie wollte keine vornehmen, kostbaren Kopftücher mehr tragen noch zu eng anliegende Ärmel, keine Seidenbänder in ihre Locken geflochten, oder überlange Kleider. Außerdem verschmähte sie noch viel anderes Überflüssige, weil sie erkannt hatte, daß solche Dinge der Herzensfrömmigkeit abträglich waren. Eifrig war sie bestrebt, den Überfluß sowie teure Kleidung zu meiden; sie trug einfache wollene Gewänder und ständig ein cilicium, das ist ein härenes Hemd. Dieses zog sie auch an, wenn sie in Seidengewändern oder golddurchwirkten Tüchern erscheinen mußte. Sooft es ihre fürstliche Würde zuließ, kleidete sie sich in ein schlichtes Gewand von der Art, wie es der christlichen Geistlichkeit geziemt. Sie bewog hierzu mit Worten und durch ihr Vorbild auch andere weltliche Frauen, die sie besuchten; und wenn sich diese nicht zu weiterem bewegen ließen, nahm sie ihnen nach inständigem Bitten doch das Versprechen ab, wenigstens in einigen Punkten der Eitelkeit dieser Welt zu entsagen. Deshalb machte sie ihnen Geschenke und ließ manchen Frauen Kleider bringen, die sie in rechter Sittsamkeit tragen konnten. Auf solche Weise bewirkte die getreue Dienerin Gottes als eine rechte Seelsorgerin und eine Liebhaberin der göttlichen Ehre, daß viele Frauen sich von weltlichem Prunk lossagten. Einige bewog sie dazu, ihre Keuschheit Unserer lieben Frau zu weihen. Diese und viele andere derartige Werke vollbrachte sie, als sie noch recht jung und erst kürzlich vermählt worden war. Denn Christi Liebe drängte sie, und seine Gnade wirkte mit ihr gegen das Übel der jugendlichen Torheit. Diese fromme und Gott vor allen gefällige Frau gedachte ständig dessen, was Gottes und nicht von dieser Welt ist. Das Herz ihres Gemahls war ihr in Treue fest verbunden, da sie ihm sein Leben lang niemals etwas Böses, sondern nur Gutes tat. In Angelegenheiten seiner Länder mußte der Herr sehr oft ausziehen und längere Zeit in fernen Gegenden bleiben. Wenn ihn nun Frau Elisabeth nicht begleiten konnte, legte sie, sobald der Fürst sie gesegnet hatte, alle hübschen, verzierten Gewänder und ihren Kopfschmuck ab, zog ein schlichtes Kleid an und verhielt sich demütig und fromm wie eine Witwe. Denn es widerstrebte ihr, dieser Welt zu gefallen. Mit Wachen, Knien, Beten und Kasteien verbrachte sie die Nacht und erwartete auf diese Weise die Rückkunft ihres Gemahls. Wenn sie aber bemerkte, daß er zurückkam, der treffliche Fürst, den sie in Keuschheit liebte, dann legte sie ihren Zierat wieder an und sprach: »Mit solchem Schmuck bedecke ich meinen Körper nicht um der irdischen Lust oder der Überhebung unserer Herzen willen, sondern nur aus Liebe zu Christus, damit ich meinem Gemahl keine Veranlassung zu sündigen gebe und damit er mich allein in Gott liebhat in ehelicher und geziemender Zuneigung, auf daß wir miteinander von ihm, der das Sakrament der Ehe geheiligt hat, den Lohn des ewigen Lebens erwarten können.« Mit solcher Klugheit wahrte die verständige und gütige Frau ihrem Gemahl die stete und unverbrüchliche Treue in der ehelichen Gemeinschaft, daß sie, wenn er gegenwärtig war, sich ihm mit Hingabe, Liebe und Güte widmete. War er abwesend, verhielt sie selbst sich vor Gott tadellos und ergeben. Auch gebrach es ihr nicht an dem besonderen Gut, von welchem die Ehe ihre Segnung empfängt, nämlich der Fruchtbarkeit ihres Körpers, denn Gott, unser Herr, bedachte sie mit einer kostbaren Gabe und gewährte ihr edle Früchte ihres Leibes, damit der schlimme Fluch der

Unfruchtbarkeit nicht auf ihr lastete und sie anstelle ihrer Jungfräulichkeit an den Kindern Freude hätte. Sie gebar einen Sohn Hermann, der nach dem Vater Landgraf zu Thüringen war, und eine Tochter, die Herzogin von Brabant wurde. Weiterhin brachte sie eine zweite Tochter zur Welt, die ihre Reinheit behielt und in dem Kloster Altenberg Gott dient, wo sie die Äbtissin der Jungfrauen ist. Wenn die fromme Gattin und die christliche Mutter ein Kind geboren hatte und dann die Tage ihres Kindbettes vorüber waren, zeigte sie keinerlei Hochmut, wie ihn die weltlichen Frauen dann an den Tag zu legen pflegen. Sie zog sich ein wollenes Kleid über, nahm das neugeborene Kind in ihren Arm und trug es heimlich von der Wartburg auf einem steinigen und anstrengenden Weg barfuß in die Kirche, die eine weite Strecke von der Burg entfernt ist. Und nach dem Vorbild Unserer lieben Frau, der Gottesmutter, weihte sie das Kind mit einer Kerze auf dem Altar Gott. Danach lief sie auf die Burg zurück; Rock und Mantel, in denen sie diese Geste der Demut vollzogen hatte, schenkte sie einer Armen.

## Wie Frau Elisabeth ihre Freiheit für Gott gebrauchte. Und von ihrem glühenden Verlangen nach freiwilliger Armut

Der weise und gottergebene Fürst erkannte nun, daß die edle Frau all ihr Sinnen und ihr ganzes Herz Gott zuwandte. Aus aufrichtiger Liebe ließ er ihr ihren Willen und räumte ihr die Freiheit sowie die Befugnis ein, alles zu Diensten und zu Ehren Gottes zu tun, was zu Gottes Dienst und Verehrung gehört, und Werke der Barmherzigkeit zu verrichten. Die verliehene Vollmacht und Freiheit wollte sie nicht für weltliche Dinge mißbrauchen, sondern allein zu Werken des Heils, zu Almosen und anderen Zeichen der Barmherzigkeit gegenüber Bedürftigen nutzen. Mit all ihren Kräften strebte sie danach, sich Tag und Nacht mit stets heiterem Antlitz einer gottgefälligen Lebensführung zu befleißigen. Einst begegnete sie einem ganz armen und schwachen Menschen, der siech am Kopf und von so mißratener Gestalt war, daß er einen grauenhaften Anblick bot. Ihn bedeckte sie heimlich mit ihrem vornehmsten Gewand, nahm seinen Kopf in ihren Schoß, mit ihren geheiligten Händen rasierte sie den Mann, schnitt ihm auch sein verkrustetes Haar ab, führte ihn zu einem verborgenen Ort in ihrem Weingarten und wusch ihm den schmutzigen Kopf. Bei dieser Tätigkeit trafen ihre Kammerfrauen sie an und tadelten sie heftig. Die Dienerin Gottes lachte darüber. Auch ihr Gemahl kam hinzu und fragte: »Wo sind die Kranken?« »Ich habe sie heimgeschickt«, antwortete sie, und sogleich war der Sieche verschwunden. Da bemerkte der Landgraf, daß etwas in ihrem Schoß lag – es war das Haar, das sie dem Siechen abgeschnitten hatte. Da sprach der Fürst freundlich: »Liebe Schwester, was trägst du in deinem Schoß?« »Es ist Seide«, gab sie zur Antwort, zog es hervor und reichte es ihrem Gemahl. Da hatte es sich nach Gottes Fügung in kostbare, mit Seidenstoff bezogene, zum Teil goldglänzende Knöpfe verwandelt. Das verwunderte den Herrn gar sehr.

Sie pflegte auch nicht wie im allgemeinen die adligen Frauen mit ihren Händen nur Weiches zu berühren, sondern reichte ihre Hände zu anstrengenden Arbeiten. Ihre Finger griffen nach der Spule, wenn die Königstochter mit ihren Dienerinnen für Tücher Wolle spinnen wollte; aus diesen fertigte sie Gewänder für die gottseligen geistlichen Brüder vom Orden des heiligen Franziskus. Mit ihren gesegneten Händen pflegte sie arme Leute. Und jenen, die sich zum Christenglauben bekennen wollten und arm waren, besserte sie ihre Kleider aus, ließ sie taufen und hob sie persönlich aus der Taufe, damit sie als Patin ihnen umso wirksamer beistehen konnte. Arme schwangere Frauen und Wöchnerinnen fanden in ihr stets eine zuverlässige Helferin. Um sich durch den Anblick der Armen eindringlicher zur Barmherzigkeit anregen zu lassen, ging sie, wie weit entfernt auch deren Herberge gelegen und wie schlammig und schwer der Weg auch sein mochte, doch zu ihnen in ihre armseligen, schmutzigen Häuser und brachte ihnen reichlich Nahrung zur Unterstützung und Stärkung. Auf diese Weise erwarb sie dreifachen Lohn: zum einen für die Mühsal des Weges; zum anderen für ihre Barmherzigkeit; zum dritten für die Verteilung von Almosen. Neben anderen Gaben der Gnade, die an dieser geheiligten Frau Elisabeth offenbar wurden, bewirkte der Heilige Geist ebenfalls, daß sie ständig in einer heißen Glut ihres Herzens entbrannt war und sich inbrünstig nach der Armut sehnte, zu welcher Christus der Herr sich im heiligen Evangelium bekannt hatte. Wenn sie gleich ihrer fürstlichen Würde gemäß die Verehrung hoher Herren erfuhr und äußerlich über einen überfließenden Reichtum und genügend weltliche Besitztümer verfügte, strebte sie doch im Grunde ihres Herzens danach, allem irdischen Gut und aller weltlichen Ehre bereitwillig zu entsagen. Dieses Begehren vermochte sie nicht zu verhehlen. Deshalb sprach sie mit ihren Mägden dauernd über die Armut und sagte, wie von prophetischem Geist ergriffen, ihr zukünftiges Leiden mit seinen äußeren Zeichen voraus. So legte sie manchmal in ihrem Gemach vor den Mägden ihre fürstlichen Kleider ab, zog einen schäbigen Mantel an, band sich ein unreines Tuch um den Kopf, lief wie eine arme Frau vor ihnen hin- und her und sprach: »Schaut her, so werde ich gehen, wenn die Zeit gekommen ist, in der ich für meinen Herrn Leid und Armut erdulde.«

Und wie sie es vorausgesagt hatte, so ist es ihr widerfahren. Das soll nachher in diesem Buch dargelegt werden.

Als sie sich in diesen Wohltaten übte, stand sie in der Blüte ihrer Jugend. Durch ihr Wirken wurde die Kraft des Glaubens gestärkt; die Blume der weltlichen Ehre war in ihrem Herzen gebrochen und verdorrte.

## Von einem Wunderzeichen, das Gott vom Himmel an seiner auserwählten Dienerin erscheinen ließ. Und von ihrer großen Freigebigkeit, die in ihr Herz gepflanzt war

Weil sie Ehre nicht in äußeren Dingen suchte, sondern allein in ihrem Herzen bei Gott, wollte unser Herr Jesus Christus, ein König und Liebhaber der Demütigen, sie auch äußerlich schmücken und ehren. Einst erfuhr nämlich ihr Vater, der ungarische König, von ihrem gottseligen Leben und ihrem vielen Leiden. Er sandte mehrere edle Herren zu dem Landgrafen nach Thüringen, die sehen sollten, ob es sich so verhielt. Als sie eingetroffen waren und Frau Elisabeth kein Kleid besaß, wie es gegenüber diesen Herren ihrem adligen Stand angemessen gewesen wäre, sprach der Fürst zu ihr: »Schwester, ich bedauere es sehr, daß du vor diesen Edelleuten kein vornehmes Kleid trägst und daß mir auch die Zeit fehlt, dir eins zu besorgen.« Da antwortete die gottergebene Elisabeth: »Allerliebster Bruder, du solltest nicht so sehr darauf achten, noch dich darum sorgen, denn ich bin entschlossen, niemals durch weltliche Kleidung Ansehen zu erlangen.« Danach bat man sie zum Gastmahl für die Ankömmlinge. Wie sie vor die Herren trat, verlieh Gott der Herr ihr einen strahlenden Glanz und Schmuck. Es gab ein leuchtendes Zeichen vom Himmel, so daß alle Anwesenden mit eigenen Augen sehen konnten, wie die geheiligte Frau Elisabeth mit ganz wunderschönen Kleidern angetan war, die in Farbe und Glanz dem Edelstein Hyazinth glichen. Diese Gewänder waren übersät und verziert mit unzähligen kostbaren Perlen, himmlischen Edelsteinen, die strahlend hell funkelten, so daß man solch herrliche Kleider noch niemals erblickt hatte. Hinzu kam eine Krone vom Himmel, glänzend und wunderbar. Die Herren waren alle darüber höchst erstaunt, besonders der Landgraf, und er fragte, wie sich dies denn verhielte. Da lachte sie freundlich und antwortete: »So etwas kann unser Herr Jesus Christus bewirken, wenn er will.« Die Freigebigkeit, eine Tugend, welche den Adel insbesondere ziert und ansehnlich sein läßt, erschien an dieser edlen Königin mit einem besonderen Vorzug; denn dank des Segens der eingeflossenen Gnade war die Mildtätigkeit ihrem Herzen fester eingeprägt als durch die Würde des angeborenen Adels. Deshalb übte sie sich darin nicht um der Eitelkeit des weltlichen Ruhmes willen, sondern allein aus liebevollem, warmherzigem Erbarmen. Die Barmherzigkeit, die ihr vom Mutterleibe her eignete, wuchs in ihr von Kindheit an und rührte ihr Herz beim Anblick eines jeden Bedürftigen.

An einem hohen Festtag war einst eine stattliche Schar Ritter und anderer Edelleute zu dem Fürsten auf die Wartburg gekommen und wartete vor dem Mahl auf die Fürstin Elisabeth, des Königs Tochter und des Landgrafen Gemahlin. Sie wurde aber aufgehalten und säumte sich aus folgenden Grund: Als sie zum Festsaal schritt, in dem die Herrschaften versammelt waren, lag unter der Treppe, die sie emporsteigen mußte, ein Armer und bat sie mit lauter Stimme, sich seiner zu erbarmen. Sie schaute unter die Stufen auf den Armen und sagte: »Jetzt habe ich keine Zeit und auch keine Gabe für dich.« Da schrie er noch lauter, bat sie, ihm dennoch etwas zu geben, und fügte hinzu: »Dein Gesinde wird mich fortjagen, und ich werde nichts von dir bekommen. Hilf mir, Dienerin Gottes.« Das Rufen rührte die barmherzige Mutter der Armen, sie zog einen prächtigen, kostbaren Mantel, den sie gerade trug, aus und reichte ihn dem Armen. Der Mann freute sich über das Geschenk, legte den Mantel sogleich behende zusammen und machte sich davon.

Meister Albertus spricht, es sei unser Herr selbst gewesen, der sie auf die Probe stellen wollte.

Schon lief der Truchseß zu dem Fürsten und sagte im Beisein aller Gäste: »Nun mag unser Herr selbst entscheiden, ob es sich mit der Vernunft vereinbaren läßt, daß unsere liebe gnädige Frau zu dieser Stunde den Beginn des Festes aufhält und die Freude so vieler edler Herren mindert. Sie hat nämlich soeben einen Armen gekleidet, ihm ihren Mantel geschenkt.« Mit einem gütigen, bezaubernden Lächeln verließ der gnädige Fürst die Tafel und die darum versammelten Gäste, denn er wünschte sie selbst herzugeleiten. Er fand sie in ihrem Frauengemach. »Liebe Schwester«, sprach er zu ihr, »kommst du mit oder möchtest du nicht mit uns speisen?« Sie erwiderte: »Ich bin ganz nach deinem Wunsch bereit, allerliebster Bruder.« Darauf fragte er: »Wo hast du deinen Mantel?« »Er hängt auf der Kleiderstange«, gab sie zur Antwort. Sogleich lief eine ihrer Dienerinnen dorthin, und fand da denselben Mantel, den der Arme erhalten hatte, so daß eine himmlische Kraft ihn zurückgebracht haben mußte. Nun legte die Fürstin den Mantel wieder um und begab sich zum Festmahl.

Ihr sollt hieraus erkennen, wie der himmlische Vater seine Lilie Elisabeth wunderbarer gekleidet hat, als Salomo in all seiner Pracht jemals gekleidet wurde.

## Wie andächtig die fromme Frau Elisabeth sich während der heiligen Messe verhielt. Und wie sie die Feiertage ehrte

Nach der Messe und den Sakramenten der heiligen Christenheit trug die gottergebene Frau Elisabeth ein glühendes Verlangen, und sie achtete auf die Einhaltung der Riten. Darum erwies sie sich in jeder Hinsicht als eine Dienerin Gottes und ging mit einer unglaublich tiefen Andacht regelmäßig in die Kirche. Raschen Schrittes eilte sie vor ihren Dienerinnen in die Kirche, um vor deren Eintreffen den Kniefall zu tun. Von Jugend auf wohnte sie der Messe mit großer Demut bei, denn sie schaute mit den Augen des Glaubens auf die unbegreifliche Heiligkeit des Sakraments. So gedachte sie denn der Sündhaftigkeit ihres eigenen Lebens und aus welchem Stoff sie selbst geschaffen war. Dann legte sie sogleich allen Schmuck ihres Leibes und ihres Hauptes ab, und zumal wenn das Evangelium gelesen oder die Hostie genommen wurde, pflegte sie diese Demut zu beweisen. Ganz und gar war sie von einer glühenden Liebe zum heiligen Sakrament entflammt, und mit großer Freude bewunderte sie an unserem Herrn diese allerlieblichste Gnade und allergnädigste Liebe. So geschah es eines Tages, als die

Elisabeth wusch den Aussätzigen
mit Hingabe die Füße

fromme Frau Elisabeth in der Zeit der Verwandlung des heiligen Sakramentes andächtig betete und von frommem Begehren nach Gott ergriffen war, daß ein himmlisches Licht sie mit seinem Scheine umfing. Nun war zu derselben Zeit ein frommer Priester zugegen, der ein andächtiges, gottgefälliges Leben führte. Ihm öffnete unser Herr die Augen. Da erblickte er das Antlitz der heiligen Frau von einem göttlichen Schein erleuchtet; es war so hell wie die Sonne und strahlte mit vielfältigem Schein in solcher Klarheit, daß das Tageslicht gegenüber diesem Licht einem Schatten glich. Kein sterbliches Auge vermochte es anzuschauen. Durch das Wunder des unermeßlichen Lichtes, in dem ihr Körper erstrahlte, wollte Gott die Würdigkeit der erleuchteten Seele offenbaren, damit das Äußere von dem Inneren Zeugnis lege. Der Priester erstaunte über diese Vision und lobte Gott. Zur Ehre Gottes, der allein Wunder vollbringt, tat er danach das Gesehene kund.

Die christlichen Gebote hielt sie bewußt und sehr beflissen ein. So beging sie auch die vierzig Tage in der Fastenzeit: Mit Beten, Wachen, Fasten und dem Verteilen milder Gaben verbrachte sie die Zeit in Gottergebenheit und kasteite ihren Körper mit derben Schlägen. Die geheiligte Zeit, zu der man das Werk unserer Erlösung feiert, erwartete sie mit tiefem Glauben sowie voller Hingabe und beging sie in Herzensfrömmigkeit und Verehrung, wie es niemand angemessen beschreiben kann.

Doch nun vernimm, was sie am Gründonnerstag bewirkte, an dem man das letzte Abendmahl unseres Herrn mit seinen Jüngern feiert: die Königstochter verhielt sich gleich jenem König, der an diesem Tage vom Tisch aufstand und seine Kleider ablegte. Am Nachmittag desselben Festtages entledigte sie sich aller vornehmen Gewänder und zog ein schlichtes Kleid an, wie es bei dem einfachen Volk gebräuchlich ist. Das trug sie in Demut. An ihre Füße band sie Sandalen, die sie mit Schnüren an ihren Beinen befestigte. Wer hätte von eines Königs Tochter jemals so etwas gehört? Danach nahm die heilige Nachfolgerin Christi am selben Tag alljährlich an zwölf armen Menschen eine feierliche Fußwaschung vor. Sie verneigte sich in Ergebenheit vor ihnen, kniete vor jedem einzelnen nieder und wusch ihnen mit tiefer Hingabe die Füße; einem jeden schenkte sie zwölf Pfennige, ein neues Gewand und ein Weizenbrot. Das eine Jahr hatte sie an diesem Tage viele Aussätzige versammelt. Sie wusch ihnen Hände und Füße, küßte sie alle auf jene Körperstellen, die am allerstärksten befallen waren, und legte sich demütig vor ihren Füßen nieder. Wenn sie später einmal Aussätzigen begegnete, setzte sie sich zu ihnen, stärkte sie durch fromme Lehren und ermahnte sie zur Geduld. Ihr grauste nämlich vor den Aussätzigen nicht mehr als vor den Gesunden. Ihnen schenkte sie auch mit besonderer Hochherzigkeit Almosen. So verbrachte sie denselben Tag sowie die Nacht im Gebet, gedachte in ihrem gläubigen Herzen des Leidens, der guten Werke und der Selbsterniedrigung unseres Herrn Jesus Christus. Wenn dann der Morgen des Karfreitags gekommen war, sprach sie zu ihren Dienerinnen: »Heute ist der Tag der Demut. Ich wünsche nicht, daß mir eine von euch heute Dienste oder Ehren erweist.« Dann erniedrigte sie sich selbst und wand, wie es bei armen Leuten der Brauch ist, kleine Bündel aus Garn von Flachs. In ein Gefäß gab sie Weihrauch, viele kleine Wachskerzen und eine große Menge kleiner Münzen. So ging sie in dem Habit einer armen Frau unter dem einfachen Volk barfuß in alle Kirchen. In jeder Kirche kniete sie vor den Altären, verrichtete ein Gebet und opferte darauf ein Bündel Flachs, Weihrauch sowie ein Kerzlein. Darauf neigte sie voll Demut ihr Haupt. In den Gassen schenkte sie armen Menschen großzügig Geld. Einst wurde sie gerügt, weil sie so geringe Gaben spendete, denn eine Fürstin sollte reichere Opfergaben bringen als das gemeine Volk. Darauf erwiderte sie, sie besäße eine größere Veranlagung zur Schlichtheit als zu blendender Selbstdarstellung und ließe sich in ihrem Handeln nicht von Sparsamkeit leiten, sondern von Demut. Denn das Opfer, das aus dem Geist der Demut erwachse, sei unserem Herrn gefällig.

An den Tagen vor Pfingsten, an denen Prozessionen mit Kreuzen stattfinden, schmückten sich manche Leute entgegen den heiligen christlichen Geboten mit kostbaren, modischen Kleidern. Da gab die Königstochter und edle Fürstin den anderen ein Beispiel und folgte in einem wollenen Kleid barfuß der Prozession, in der man Kreuze und Reliquien mitführte. Bei allen Predigten, in denen sie Gottes Wort hörte, setzte sie sich unter die allerärmsten Frauen, die edle, löbliche Fürstin, denn ihr war wohlbewußt, daß der Samen, welchen man tief in den Boden steckt, sehr hoch emportreibt und reiche Früchte bringt.

## Wie unser Herr Jesus Christus ihr in der Gestalt eines armen Menschen und auch in seinem Leidensbild erschien

Eines Tages hatte sie in der Kirche ihr Gebet mit Andacht verrichtet. Als sie das Gotteshaus verließ, stand in der Gestalt eines jammervollen, aussätzigen Menschen der Herr Jesus leibhaftig davor. Er bat sie, ihn um Gottes willen in ihr Gemach zu führen. Sie hob ihn auf ihre Arme und trug ihn, so gut sie es vermochte, in ihren Wohnraum. Dort angelangt, erklärte er: »Hier möchte ich nicht bleiben. Leg mich in dein Bett!« Sie führte ihn in das Schlafgemach und legte ihn auf das fürstliche Bett nieder. Die Diener des Fürsten, die das bemerkt hatten, klagten es ihrem Herrn, daß die selige Elisabeth einen aussätzigen Menschen in sein Bett gelegt hätte; er sollte sich nicht mehr in dieses Bett legen und jenen fortjagen lassen. Der Fürst geriet in Zorn. Er ging zu dem Gemach, klopfte an und forderte die gottselige Elisabeth auf zu öffnen: er wünschte nachzusehen, wer da wäre. Sie erschrak zutiefst und schloß ihm die Tür auf. Er schaute überall nach und fand in dem Bett niemand, sah aber, daß es mit Rosen und Lilien überstreut war. Sie trug einen Topf voll Seifenlauge, mit der sie den Aussätzigen gewaschen hatte, und hätte den Topf am liebsten verborgen. Da sprach er freundlich zu ihr: »Liebe Schwester, was hast du da?« Sie zeigte ihm den Topf. Davon strömte ein so köstlicher Duft wie von Balsam aus. Oben auf dem Topf lagen himmlische Rosen. Er trat hinzu und schlug die Decke zurück. Da sah er auf dem Bett ein wundersames Kruzifix mit blutigen Wunden liegen, und die

Da sah er auf dem Bett ein wundersames
Kruzifix

heiligen fünf Liebesmale benetzten sein Bettuch, so daß das Laken noch heute diese Zeichen aufweist. Da erschrak er, fiel auf seine Knie und sprach: »Erbarme dich, o Herr, über mich armen Sünder. Ich bin nicht würdig, diese Dinge zu sehen.«

Darüber predigte einmal ein recht gelehrter, frommer Herr vom Orden St. Benedikts am Festtag der heiligen Elisabeth im Jahre 1478. Er erklärte, er hätte das Laken und die Zeichen darauf mit eigenen Augen gesehen. Es wird in würdiger Weise zusammen mit dem heiligen Rock, den sie trug, in der Kirche zu Marburg aufbewahrt.

St. Elisabeth hatte die fromme Gewohnheit, beim Betreten einer Kirche niederzuknien und den Boden zu küssen, bevor sie zu beten begann. Von dem Vorbild der heiligen Elisabeth leitet sich auch bei den Kartäusern die Gepflogenheit her, wenn sie in ein Gotteshaus treten, niederzuknien und den Boden zu küssen, bevor sie ihr Gebet verrichten. In ihrem Herzen tragen sie das Wort, welches da lautet: »Gedenke, Mensch, daß du von der Erde gekommen bist und wieder zu Erde werden wirst.« Und die edle Königin, die erhabene Lehrerin St. Elisabeth ruft uns zu: »Venite filii, audite me! ›Kommt, ihr Kinder, und hört mich!‹ Ich will euch in der Furcht des Herrn unterweisen. Denn wer Gott fürchtet, der ist ihm dienstbar. Wer Gott lieb hat, der weiht ihm seine Seele.« In all ihren Worten und Werken hatte sie uns gelehrt, Gott zu lieben und zu fürchten.

## Dies handelt von dem Leben und dem Preis des durchlauchtigen Fürsten Landgraf Ludwig und von seiner frommen Tugend

Es ist nur recht und billig, daß wir kurz auch etwas über den berühmten Fürsten Landgraf Ludwig schreiben. Denn da er der heiligen Frau Elisabeth für würdig befunden worden ist, soll er an ihrem Preis und Lohn teilhaben, denn er ehrte bereitwillig all ihre guten Werke und war dabei ein treuer, kluger und machtvoller

Helfer. Wer vermöchte alle seine Tugenden beschreiben? Er verfügte über die Kraft sittlicher Mäßigung. In seinem Antlitz spiegelte sich Sanftmütigkeit. Was seine Empfindungen betraf, so besaß er Schamgefühl. Sein Körper war makellos. Vor allen anderen Tugenden, in denen er sich auszeichnete, scheinen bei ihm namentlich die Keuschheit und die Reinheit gestanden zu haben, denn er verabscheute und haßte die Sünde der Sinnenlust zutiefst und mied Versuchungen jeder Art. Seine Rede war angenehm, seine Umgangsformen freundlich. Seinen Sinn prägten Beständigkeit und Mannhaftigkeit. In ritterlichen Dingen war er streng und auf Ordnung bedacht.

Der Fürst hielt an seinem Hofe einen Löwen. Einmal entwich das Tier aus seinem Gewahrsam und rannte grimmig auf seinen Herrn zu, als dieser frühmorgens mit einem Hemd bekleidet das Bett verließ. Da hob der Fürst gegen das Tier seine Faust hoch und vermochte es mannhaft zu bändigen, gleichwie mit körperlicher Gewalt. Der Löwe wurde sofort wieder zahm, legte sich seinem Herrn zu Füßen nieder und begann mit dem Schwanz zu spielen, um den Zorn des Fürsten zu besänftigen. Die männliche Entschlossenheit des Fürsten entsprang mehr aus seinem starken Glauben als aus ritterlicher Kühnheit. Sein Sinn blieb frei von Trug, denn seine Rede war ja ja, nein nein. Streng und gerecht waren seine Worte, so daß alle Leute dem, was er sagte, Glauben schenkten, wie wenn er es mit einem Eid bekräftigt hätte. Zu Damen verhielt er sich ehrbar und sittsam. Gegenüber Armen war er großzügig und gütig, gegenüber Rittern und Knechten umgänglich und freundlich, gegenüber allen einfachen Leuten zuvorkommend, verläßlich und liebenswürdig. Und um all dies abzuschließen: Er fürchtete Gott, hatte ihn lieb und ehrte ihn in allen Dingen. Jeden Tag seines irdischen Lebens nahm er ehrfürchtig am Gottesdienst teil. Dabei betete er voller Andacht zu Gott.

Aus seinem Antlitz sprachen Schönheit und Reinheit. Seine Werke kündeten von seiner Macht. Sein ganzes Gesinde wahrte Zucht und Ehrbarkeit. Denn niemand durfte vor ihm etwas Unschickliches tun oder etwas Unanständiges sagen; wer dagegen verstieß, dem erlegte er eine strenge Buße und Besserung auf. Darum strömte von ihm als dem Haupte Gesundheit in alle Glieder und Güte in alle seine Dienstleute. Zu dieser Zeit waren nämlich die Edlen wahrheitsliebend und friedfertig; die Ritter waren treu und begnügten sich mit ihrem Sold; das Volk war ergeben und gehorsam, denn der Fürst übte Recht und Gerechtigkeit gegenüber jedermann. Deshalb herrschten dort Frieden und Wahrheit. Die Menschen, an Gütern wohlhabend, lebten in Sicherheit und festem Frieden. Da stand das Land Thüringen in Ruhm und Ehren. Seine Bewohner galten als angesehen und fromm, denn durch den Namen eines solchen Fürsten und die Heiligkeit der edlen Frau Elisabeth war das Land weithin bekannt und hoch gepriesen.

Einst wünschte der Kaiser den jungen Landgrafen zu sehen, denn er war klug, schön und fromm. So ritt er mit seinem Vater zu ihm. Der Kaiser betrachtete den jungen Fürsten aufmerksam und fand an ihm besonderes Wohlgefallen. Um den jungen Landgrafen in Versuchung zu führen, schickte er dessen Kämmerer Wein holen und ließ jenem unterdessen eine hübsche junge Frau ins Bett legen. Als der Fürst sein Schlafgemach betreten hatte, stürzte er sogleich wieder hinaus, denn der Heilige Geist behütete ihn. »Lieber Freund«, sprach er zum Kämmerer, »wer liegt denn da in meinem Bett?« Der Kämmerer antwortete: »Das weiß ich nicht.« Da befahl der Herr: »Schenk ihr mein teuerstes Gewand und drei Mark Silber. Sie soll sich davon ernähren und fortan sich vor Sünden hüten!« Als die Fürsten davon erfuhren, gefiel ihnen dieses Verhalten des jungen Herrn recht wohl, und sie verrieten ihm, daß sie es waren, die ihm das Fräulein in sein Bett legen ließen. »Ihr müßt fürwahr wissen, daß ich nicht einmal um den Preis des Römischen Reiches so etwas täte. Selbst wenn es keine Sünde wäre, würde ich es um meiner keuschen Braut Elisabeth willen doch unterlassen.«

Bald darauf kehrten sie heim und berichteten seiner Verlobten davon. Sie dankte Gott und fügte hinzu: »Herr, ich bin nicht würdig, daß du mich zur Heiligkeit erwählt hast. Hilf uns beiden, den heiligen Bund der Ehe treu zu wahren, damit wir ewig bei dir wohnen.«

Später, an einem Pfingstfeiertag, begab sich St. Elisabeth in die Stadt. Wie es sich für eine Fürstin schickt, war sie herrlich mit seidenen, goldgeschmückten Gewändern gekleidet und trug eine mit Edelsteinen besetzte Krone. Da bat sie ein armer Mann um ein Almosen. Weil sie nichts weiter bei sich hatte, schenkte sie ihm einen Ärmel ihres kostbaren Gewandes. Ein junger Ritter, der das sah, kaufte dem Armen den Ärmel ab. Wenn er in ein Turnier ritt, band er den Ärmel zur Zier auf seinen Helm und meinte, dies würde ihm Erfolg bringen. So geschah es auch, denn fortan ging es ihm allzeit gut.

## Von St. Elisabeths Mildtätigkeit in der Zeit der Teuerung. Und von den Wundern, die Gott in den Werken ihrer Hochherzigkeit vollbrachte

Im Jahr 1225 nach Gottes Geburt zog Landgraf Ludwig zu Kaiser Friedrich nach Apulien, an den Hof zu Cremona. In Thüringen kam es damals zu einer großen Teuerung, die nahezu zwei Jahre anhielt, so daß viele Menschen an Hunger starben. Die Not der armen Leute bewegte die barmherzige Elisabeth zutiefst. Von ihren sämtlichen Höfen ließ sie alles Korn, das sie bekommen konnte, zusammentragen und verteilte es restlos an die Bedürftigen. Vielen gab sie seinerzeit das tägliche Brot. Wie wenig sie auch nur zu geben vermochte, so erhielt doch dank der Gnade Gottes ein jeder davon genügend für seine Bedürfnisse. Unterhalb der Wartburg, die sie zu dieser Zeit bewohnte, ließ sie auch ein Spital errichten. Sie nahm darin Kranke, Sieche und viele Menschen auf, die nicht imstande waren, auf die üblichen Almosen zu warten. Obgleich der Berg, auf dem die besagte Burg steht, sehr hoch ist, ging sie alle Tage zu ihnen hinab. Einem jeden reichte sie ausreichend zu essen und zu trinken, soviel er begehrte. Die Schwerstkranken pflegte sie mit ihren eigenen Händen zu speisen, zu tragen, ihnen die Betten zu richten und viele andere Werke der Barmherzigkeit zu erweisen. Obwohl sie vor allem unter schlechter Luft zu leiden hatte, ertrug sie doch sogar zur Sommerzeit, wenn ihn ihre Dienerinnen nicht ohne Widerstreben aushalten mochten, den Geruch der Kranken ganz unbeschwert und heiter gestimmt. Mit ihrem Schleier wischte sie ihnen den Schmutz vom Gesicht ab. Zur Freude der Kranken beköstigte sie in diesem Spital viele kleine Kinder und begegnete ihnen so liebevoll, daß alle sie Mutter nannten. Wenn sie das Haus betrat, umringten sie alle, freuten sich und verhielten sich zu ihr, als wäre sie ihre Mutter. Jenen, die am schwersten krank, leidend und mißgestaltet waren, wandte die barmherzige Mutter und Fürstin Elisabeth ihre besondere Fürsorge zu. Sie nahm deren Köpfe auf ihren Schoß und betastete und streichelte mit den Händen die schmerzenden Stellen.

Gott, der die Barmherzigkeit liebt, ließ in seiner Allmacht eines Tages an unscheinbaren Dingen ein Zeichen werden. Die Helferin der Armen hatte auf dem Pferd unter ihrem Mantel für ihre kranken Kinder kleine irdene Krüge und Töpfchen, auch gläserne Fingerringe und derlei Dinge, mit denen Kinder spielen und sich vergnügen. Als sie aus dem Städtchen zur Burg hinaufgeritten war, fielen ihr die ganzen Spielsachen oben von der Burg auf einen Felsen hinab. Sie blieben aber ganz und gar unversehrt, nichts davon zerbrach. Dies geschah wegen ihrer innigen Liebe zu den armen Kindern, denen sie mit den Geschenken eine Freude bereiten wollte. Aus der Schar der Armen, die sie speiste, wählte sie die Bedürftigsten sowie die Schwerstkranken aus und wies ihnen einen Platz vor der Burg zu. Alles, was von ihrer Tafel übrigblieb, reichte sie ihnen mit eigenen Händen und verteilte es unter sie. Außerdem zweigte sie von ihren und ihrer Dienerinnen Speisen reichlich ab, um es den Armen zu geben.

Einst schenkte sie unter den Armen ihren Wein aus. Nachdem sie allen davon gegeben und ein jeder sein Teil genommen hatte, war die Menge Wein in ihrem Gefäß nicht geringer geworden, sondern dieselbe geblieben wie vor der Verteilung.

Nicht allein den Kranken, die sie in ihrem Spital beherbergte, kam ihre Barmherzigkeit zugute. Auch alle Erträge, die der Landgraf aus vier Besitzungen erhielt, brauchte sie freigebig für die

Bedürftigen auf. Wenn sie hörte, daß sich Leute in Gefangenschaft befanden, löste sie sie aus und salbte ihnen die Wunden. Überdies verachtete sie ihren ganzen Besitz und was diese Welt als teuer und wertvoll schätzt, und verkaufte ihre Kleider und Schmuckstücke, damit sie die kranken Glieder der Gemeinde Christi ernähren konnte, um deretwillen sie erwählte, was von dieser Welt verschmäht wird. Die edle Königin schämte sich auch nicht, mit ihren gesegneten Händen zu melken, um den Durst eines Kranken nach Milch zu stillen. Um dieser Menschen willen legte sie das, wovor alle Welt flieht, mitfühlend auf ihren Schoß. Denn sie wollte die schmutzbedeckten Kranken eigenhändig waschen und sie persönlich pflegen.

In das oben erwähnte Spital nahm sie achtundzwanzig kranke Arme nach der Regel auf, daß sobald einer verstarb, sogleich ein anderer dessen Bett und Platz erhielt. Unter ihnen beherbergte sie einen mittellosen Kranken, dem der Gedanke an eine Geldsumme, die er anderswo schuldig geblieben war, Gewissensqualen bereitete. Da beglich die gottselige Frau seine Schulden und erlöste ihn von der seelischen Not.

Zu all diesen Werken der Frömmigkeit und Mildtätigkeit, wie sie beschrieben worden sind, kam hinzu, daß ihre Dienerinnen täglich vor ihren Augen an Hunderte von Armen Almosen verteilen mußten; und sie legte Wert darauf, hierbei persönlich anwesend zu sein.

## Wie die geheiligte Frau Elisabeth die Armen, die sie gespeist hatte, beschenkte. Und wie der Landgraf vom Kaiser zurückkehrte

Nachdem sie eine so große Anzahl bedürftiger und kranker Menschen bis zur Erntezeit beköstigt hatte, kaufte sie für alle diejenigen, die zu arbeiten imstande waren, Hemden, Schuhe und Sicheln, damit sie sich von ihrer Arbeit ernährten; denen aber, die nicht arbeiten konnten, ließ sie Kleider kaufen. Das alles reichte sie persönlich und freundlich den Armen.

All jene, die von ihr fort in die Ernte zogen, bedachte sie mit einem besonderen Geschenk und segnete sie liebevoll. Wenn es ihr an Geld mangelte, gab sie den armen Witwen Schleier, seidene Tücher oder sonst etwas Wertvolles und sprach: »Ich wünsche nicht, daß ihr dies aus Eitelkeit behaltet; verkauft es vielmehr und bestreitet so euren Lebensunterhalt! Außerdem sollt ihr solche Tätigkeiten verrichten, auf die ihr euch versteht und die nicht sündhaft sind.«

Nun beschenkte sie neben anderen eine arme Frau mit Kleidern. Da erfaßte die bedürftige Frau eine so große Freude, daß sie mit lauter Stimme ausrief, niemals wäre ihr in diesem Leben ein größeres Glück zuteilgeworden. Vor dem Gefühl der Freude, das ihr fremd war, fiel sie wie tot zur Erde. Deshalb fürchtete die gottselige Elisabeth schon, sie könnte an deren Tod schuld sein. War ein Armer gestorben, dann nähte sie ihm mit eigenen Händen das Totenkleid. Bei den Begräbnissen der Armen wollte sie in Demut stets zugegen sein. Gemeinsam mit den anderen pflegte sie den Verstorbenen den letzten Dienst zu erweisen, auch wenn sie sie dabei mit den Händen berührte. Deshalb zerteilte sie einst ein großes Tuch aus weißem Linnen und nutzte es, um Verstorbene darin begraben zu lassen. Falls jedoch reiche Leute starben, verbot sie es, diese in neuen oder in kostbaren Tüchern zu bestatten. Sie sagte nämlich, man sollte das beste und neue Tuch den Armen geben und die Toten in einem alten bestatten.

Diese und viele andere hochherzige Werke der Nächstenliebe und der Barmherzigkeit verrichtete sie zu Lebzeiten des Fürsten mit unermüdlicher Hingabe, ferner mit Einwilligung und Unterstützung des vortrefflichen Fürsten, mit dessen Erlaubnis sie Almosen verteilte und all ihre guten Werke vollbrachte. Darum wurde sie in allen Ländern die Mutter der Barmherzigkeit genannt, denn sie ließ von sich keinen Menschen ohne eine Gabe gehen.

Nach einiger Zeit kehrte der Landgraf vom Kaiser zurück nach Thüringen. Eine unbändige Freude ergriff das ganze Land, und man empfing den Fürsten in allen Ehren. Alle waren froh, besonders die Mutter des Landgrafen und seine Brüder. Herzlicher aber als sie alle

Elisabeth begegnete den Kindern so liebevoll,
daß sie sie Mutter nannten

freute sich St. Elisabeth. Sogleich erhoben aber die Dienstleute und die Landverweser vor ihrem Herrn Klage darüber, daß die Fürstin Elisabeth allen Zins und allen Ertrag, der dem Fürsten von seinen ganzen Besitzungen zugeflossen war, durch ihr Almosengeben restlos aufgebraucht hatte. »Laßt sie in ihrer Wohltätigkeit gewähren und um Gottes Willen geben, was sie will«, erwiderte ihnen der vortreffliche Herr voller Verständnis; »ich will für mich nur die beiden Vesten Wartburg und Neuenburg behalten.« Die gottbegnadete Elisabeth empfing den Fürsten liebevoll. Er umfing sie freundlich und fragte: »Liebe Schwester, wovon soll dein armes Gesinde in diesem schweren Jahr leben?« »Ich habe unserem Herrn gegeben, was sein ist«, antwortete sie. »Was dir und was mir gehört, hat Gott uns bewahrt.« Wie der Herr in dem Saal hin- und herschritt, rannen plötzlich überall Getreidekörner hinein, so daß er darauftrat. Da befahl er dem Kellermeister: »Sieh nach, wie es um dein Korn steht.« Dieser gehorchte und erwiderte: »Mit Verlaub, die Kästen sind alle bis über den Rand gefüllt.« Als der Fürst und die Fürstin dies vernahmen, dankten sie Gott: »Oh Herr, wir danken dir für deine große Gnade, die du durch uns erweist.«

Gemäß der Heiligen Schrift war das Leben dieses Fürsten Gott gefällig, denn unser Herr spricht: »Drei Dinge sind es, die meinem Geiste wohlgefallen. Dies sind Liebe und Eintracht unter Brüdern, gegenüber den Nächsten und im Stande der Ehe.« Dementsprechend lebte der berühmte Fürst mit seinen Brüdern in Frieden und Eintracht, begegnete allen Menschen mit Güte – besonders gegenüber Armen zeigte er sich großzügig und beseelt von tätiger Nächstenliebe. Welch herzliche und ungetrübte Eintracht schließlich den frommen Herrn und die gotterwählte Dame miteinander verband, das bezeugt der Bericht in diesem Buch offenkundig.

## Von dem verehrungswürdigen Herrn Meister Konrad von Marburg

In dieser Zeit gab es unter Bischöfen und Priestern manche gerechten Männer, mit deren Lehre und Vorbild der allmächtige Gott damals seiner Kirche eine Stütze verlieh. Zu diesen gehörte Meister Konrad aus Marburg, der wie ein leuchtender Stern in Deutschland strahlte. Er war hochgelehrt, führte ein Leben frei von Sünde und lehrte das Evangelium in gültiger Weise. Dem Christenglauben hing er mit ganzer Seele an und war ein gewaltiger Streiter gegen die Sünde der Ketzerei. Dieser Meister Konrad begehrte weder irdische Güter noch geistliche Lehen, auch begnügte er sich mit einem schlichten und bescheidenen Gewand. Er lebte in strenger Sittsamkeit. Seine Züge waren ernst. Zu sich selbst verhielt er sich unnachsichtig. Guten Christen gegenüber war er voll Liebe und Güte; den Bösen trat er streng und gerecht entgegen. Er predigte auf Geheiß und mit Vollmacht des Papstes in allen deutschen Landen. Eine zahlreiche Volksmenge folgte ihm, und die Menschen achteten ihn hoch als einen frommen und gerechten Mann, aus Liebe die einen, die anderen aus Furcht.

Den Meister verehrte der Landgraf so hoch, daß er ihn mit der Verleihung aller Lehen aus jenen Lehnsrechten betraute, die dem Landgrafen gehörten. Ferner gab der Fürst seine Einwilligung dazu, daß seine Gemahlin Elisabeth dem Meister Gehorsam und Enthaltsamkeit gelobte. Dies geschah in der Stadt Eisenach, im Kloster der heiligen Katharina. Hinfort wahrte die fromme Fürstin Elisabeth fest und treu ihre Ergebenheit, wie sie es vor Gott gelobt hatte. Einmal ließ sie der Meister zu einer Predigt rufen, denn er beabsichtigte vor allem um ihretwillen über die Leiden unseres Herrn zu predigen. Weil sie jedoch durch das gleichzeitige Eintreffen der Markgräfin von Meißen, der Schwester ihres Gemahls, des Landgrafen, verhindert war, erschien sie nicht. Meister Konrad ließ ihr deshalb mitteilen, aufgrund ihrer Weigerung wolle er sie nicht länger in seiner geistlichen Obhut behalten. Doch die fromme Frau Elisabeth eilte am nächsten Tage zu dem Meister und bat ihn, sie gnädig wieder aufzunehmen. Als er ihr dies unnachsichtig versagte, fiel die edle Königin dem Meister demütig zu Füßen und erlangte Verzeihung. Wegen des Ungehorsams befahl der Meister danach ihren Dienerinnen, sie mit Schlägen hart zu züchtigen. Solche Ergebenheit erwies sie dem Meister zwei Jahre, zu Lebzeiten ihres Gemahls, und noch viel länger nach dessen Tode.

## Wie eine Heerfahrt über das Meer in das heilige Land stattfand. Und wie Landgraf Ludwig in das ferne Land aufbrach und die Seinen segnete

Im Jahre 1227 nach Gottes Geburt gab es einen Kreuzzug über das Meer nach dem heiligen Land. Daran nahm der römische Kaiser Friedrich teil und setzte mit Schiffen über. Der Papst hatte nämlich zur Hilfe für das heilige Land das Kreuz predigen lassen. In dieser Zeit wurden viele Bischöfe, Fürsten und andere fromme Christen durch die Inbrunst des Glaubens zum Kampf gegen die Feinde unseres Herrn Christus entflammt. Sie schmückten sich mit dem Kreuzeszeichen und begehrten aufrichtig gegen die Heiden zu streiten. Unter ihnen befand sich auch der edle Fürst Landgraf Ludwig von Thüringen, ein frommer Christ. Auf Anraten des ehrwürdigen Vaters und Herrn Konrad, des Bischofs von Hildesheim, ließ er sich im Namen unseres Herrn Jesus Christus von demselben Bischof mit dem Kreuz zeichnen. Er trug das Kreuz unter seinen Kleidern verborgen und nicht, wie es üblich war oder ist, offen sichtbar. Er wollte nämlich seine Gemahlin, die ihm aus ganzem Herzen in rechter, frommer und keuscher Liebe treulich anhing, nicht in Sorge versetzen. Einmal sollte er seinen Gürtel ablegen; dabei kam das Kreuz zutage, so daß seine fromme Elisabeth es erblickte. Sie erschrak zutiefst. Der liebenswürdige Fürst jedoch linderte mit lieben Worten und frommer Ermahnung ihre Betrübnis. Nachdem der edle Landgraf Ludwig die Angelegenheiten seines Landes geordnet und die Herrschaft geregelt hatte, suchte er die Klöster auf, empfing von Gottes Dienern und Dienerinnen den

Segen und befahl sich ihren Gebeten. Darauf zog er nach Schmalkalden, einer Stadt in seinem Lande, und traf dort seine nächsten Angehörigen, die er da hatte zusammenkommen lassen. Alle segnete er betrübt und befahl Kinder und Gattin seinen Brüdern an. Seine Mutter küßte er nach Sohnesart, doch vor Kummer konnte er mit ihr kaum sprechen. Die anderen erfaßte Rührung, und Betrübnis ergriff ihre Herzen, als einer den anderen weinend umarmte; was sie doch angesichts der Menge von Leuten, die sich da aneinanderdrängten, kaum tun mochten. Die Mutter hielt den Sohn, die Gemahlin ihren Gatten, und so zogen sie ihn hin und her. Seine Brüder hatten ihn mit ihren Rittern wie einen Gefangenen umringt und ließen ihn nur ungern von dannen gehen. Unter dem Volk entstand lautes Gemurmel und Geschrei, als die Leute sahen, wie der Schmerz ihre Züge veränderte. Darüber weinte jung und alt, alle Leute, die aus Thüringen und aus Sachsen herbeigekommen waren, um bei dem Abschied zugegen zu sein. Es entstand ein freundlicher Streit darum, daß man ihn am längsten bei sich haben durfte. Einige umarmten ihn; andere zogen ihn am Gewand, um nicht unbeachtet zu bleiben. Schließlich entwand er sich ihren Händen und gesellte sich zur Schar der adligen Pilger, die das Kreuzeszeichen trugen. Danach sah man ihn im Land Thüringen nicht wieder. Der friedfertige Fürst stieg zu Pferde, ebenso die zahlreichen Freiherren, Ritter und Knechte und eine große Schar anderer Christen. Sie sprachen über das Land und alle Leute, die zu Hause bleiben wollten, den Abschiedssegen. Es war im Monat Juni, als sie von dannen zogen im Namen unseres Herrn Jesus Christus, den sie mit Herz und Mund lobten. Tiefe Traurigkeit verbreitete sich, Jammern, Klagen von schmerzerstickten Stimmen, und es flossen viele Tränen. Oh welche beglückende Verbindung tiefen Leides mit inniger Freude! Wenn man unter Tränen singt! Wenn die Eltern von ihren Kindern und der Mann von seiner Gemahlin aus tiefer Liebe zum christlichen Glauben scheiden.

## Von der Trübsal und dem Leid der gottseligen Elisabeth. Und wie Landgraf Ludwig die Lande durchzog und danach erkrankte

Über die Grenzen Thüringens hinweg begleitete die treuergebene Frau Elisabeth nicht von fern, sondern nahe bei ihm traurigen Herzens den liebenswürdigen Fürsten, ihren geliebten Gemahl, den sie nicht wiedersehen sollte. Die Macht der Liebe und der Schmerz der Trennung trieben sie, ihn eine Tagesreise weit zu begleiten. Doch begnügte sie sich damit nicht, sondern zog trotz der Beschwerlichkeit der Reise auch noch den zweiten Tag lang mit. So legte sie Zeugnis ab von dem Band ihrer Liebe und von der Tiefe ihres Leides.

Danach setzte die Liebe ihres Schöpfers, die ebenso stark ist wie der Tod, ihrem sinnlichen Begehren ein Ende, so daß sie schließlich voneinander schieden. Da gab es bei ihnen großes Klagen und Trauern, vor allem bei der gottgefälligen Elisabeth und den Jungfrauen, die mit ihr nach Hause zurückkehrten. Der Fürst zog weiter, um wie ein Riese freiweg seinen Weg zu gehen. Die Herrin kehrte gleich einer trauernden Witwe nach Hause zurück, ihre Wangen von Tränen feucht. Ihr Gewand, das für freudige Anlässe bestimmt war, legte sie ab, nahm ein Witwenkleid und nahm abseits von den anderen Platz, die Herrin des Volkes und Fürstin der Länder. Da wandte sie ihren Sinn ganz Gott zu; ihren einstigen guten Werken ließ sie trefflichere folgen und vertiefte so die Frömmigkeit ihres Lebens.

Als Landgraf Ludwig von Thüringen, der auch Fürst von Hessen und in Sachsen war, alle seine Angelegenheiten gut geordnet hatte, reiste er wohlgemut und freudig aus seinen Ländern fort. Aus Liebe zu unserem Herrn Jesus Christus zog er in das fremde Land, um für dieses Verdienst einst in das himmlische Vaterland zu kommen. Friedfertig zog er durch Franken, Schwaben, Bayern, über die Alpen, durch die Lombardei und die Toskana, bis er nach Sizilien gelangte. Dort empfing ihn Kaiser Friedrich mit ungezähmter Freude in der Stadt Troja. Gemeinsam mit dem Kaiser ritt er in die

Stadt Brindisi weiter. Nach dem Festtag Unser lieben Frauen, der Geburt Mariens, begannen sie sich mit der ganzen Streitmacht, mit Rittern und Knechten einzuschiffen. Ehe sie an Bord gingen, führten der Kaiser und der Landgraf ein freundschaftliches Gespräch miteinander. Leider aber befiel den durchlauchtigen Fürsten Landgraf Ludwig eine Krankheit. Der Kaiser und der Landgraf bestiegen jeweils ihr Boot. Nachdem sie sich mit ihrem Gebet unserem Herrn Jesus Christus anvertraut hatten, verließen sie Brindisi und liefen Otranto an. Dorthin war auch die Kaiserin gekommen, und der Landgraf suchte sie auf, um ihr seine Ehrerbietung zu bezeigen. Da verschlimmerte sich seine Krankheit, und sobald er auf sein Schiff zurückgekommen war, wurde er bettlägerig.

## Vom Ableben des Landgrafen. Und wie die Fürstin Elisabeth die Nachricht von seinem Tode aufnahm

Als er nun erkannte, daß sein Tod nahte, ließ er den Patriarchen von Jerusalem zu sich kommen, der ihm die letzte Ölung geben sollte. Dieser wählte den Bischof vom heiligen Kreuz zum Kooperator, um seines Amtes mit desto höherer Würde zu walten. Nach der Ölung reichten sie ihm den heiligen Leib unseres Herrn Jesus Christus, den er im rechten Glauben und mit inniger Gottergebenheit empfing. Darauf begab sich der zutiefst christgläubige Herr, welcher um Christi Namen willen zum Pilger in einem fremden Land geworden war und sich mit dem Kreuz Christi geschmückt hatte, auf die Reise aus diesem irdischen Leben in das ewige Vaterland.

Er verschied in unserem Herrn Jesus Christus am 11. September.

Als einige Männer seines Gefolges, die zu Schiff vorausgefahren waren, die betrübliche Nachricht von seinem Ableben vernahmen, erfaßte sie tiefes Leid, und aus den Schmerzen entstand lautes Klagen und Weinen. Das Meer hätte erbeben können von den Stimmen derer, die leidvoll klagten, weinten und riefen: »Oh lieber Herr und edler Fürst, wie verlassen sind wir ohne dich, fern der

Heimat in der fremden Gegend! Daß wir dich verlieren mußten, du Licht unserer Augen, du Führer auf unserer Pilgerreise, dich, unsere Hoffnung auf Heimkehr! Weh uns!« Sie segelten zurück und bestatteten den Leichnam ihres verehrten Fürsten auf würdige Weise und wohlgeschmückt, wie es sich geziemte. Darauf setzten sie ihre Reise wie geplant fort. Es wurden aber auch Boten nach Thüringen gesandt, um die Trauerbotschaft vom Tode des gütigen Fürsten zu übermitteln. Umsichtige Leute sorgten dafür, daß man der Witwe die schreckliche Kunde nicht mit unbedachten und wenig einfühlsamen Worten überbrachte, und gaben den Rat, Frau Sophie zu bitten; die Mutter des verstorbenen Fürsten vermöchte sie am behutsamsten mitzuteilen. Diese reiste mit vornehmen adligen Damen auf die Wartburg zur Gattin ihres Sohnes und wurde von ihr gastfreundlich und höflich empfangen. Als sie Platz genommen hatten, sprach die Fürstin Sophie: »Meine liebe Tochter, sei jetzt festen Mutes und laß dich nicht durch das betrüben, was deinem Gemahl, meinem Sohn, nach Gottes Fügung widerfahren ist.« Doch ihren Worten ließ sich nicht entnehmen, daß er tot war, sondern daß er sich in Gefangenschaft befände. Da entgegnete die gottselige Elisabeth hoffnungsvoll: »Wenn mein Bruder gefangen ist«, denn so pflegte sie ihn zu nennen, »dann soll er mit Hilfe Gottes und unserer Freunde bald freigekauft werden.« Da sprach die Schwiegermutter: »Er ist tot.« Als sie dies vernommen hatte, faltete sie ihre Hände, sank auf ihre Knie und sprach voll Trauer: »Er ist tot. Er ist tot. Für mich soll hinfort diese ganze Welt gestorben sein.« Weinend erhob sie sich und durchschritt rasch den Saal der Länge nach bis an die Wand. Dort blieb sie stehen und wäre doch am liebsten noch weitergegangen. Die Anwesenden liefen zu ihr und führten sie von der Wand zurück. Alle trauerten mit ihr und vergossen in tiefer Ergriffenheit Tränen aus Trauer über den Tod ihres lieben Herrn und aus Mitleid mit der verlassenen Frau, die allen irdischen Trost verloren hatte. Doch da war als ein Tröster der heilige Geist gegenwärtig, der sich der Waisen annahm, die betrübten Herzen der Witwen tröstete und stärkte und sie mit der Süße seiner göttlichen Gnade erfreute.

Als man Elisabeth bei klirrender Kälte noch ihre
kleinen Kinder von der Burg herabbrachte

## Von der Geduld, welche die gottgefällige Elisabeth bewies, als man sie aus ihrer Burg vertrieb. Und von einem Weib, das sich gegenüber der frommen Elisabeth undankbar und vermessen betrug

Einige Dienstleute des verstorbenen Fürsten, die für dessen Bruder Heinrich das Land verwesen sollten, vergaßen bald darauf die Gebote der Gottesfurcht, der Gerechtigkeit und der Besonnenheit. Sie vertieften Schmerz und Leid der Fürstin, drängten sie aus ihrer Burg, sowie aus allen ihren Gütern und Besitzungen. Da brach die edle Königstochter kummervoll und weinend auf. Mit ihrer Dienerschaft zog sie den hohen Berg hinab in die Stadt unterhalb der Burg. Ein Weinschenk nahm sie in sein Haus auf. Dort verbrachte sie mit großer innerer Heiterkeit die Nacht in einem Ferkelstall. Um Mitternacht stand sie auf und ging in die Mette der Brüder vom heiligen Franziskus; diese bat sie, zu Gottes Preis den Lobgesang »Te Deum laudamus« anzustimmen. Daran erfreute sie sich und dankte Gott in ihrer Trübsal. Da niemand es wagte, sie zu beherbergen, nahm sie Zuflucht zu unserem Herrn Jesus Christus. Mit ihren Jungfrauen ging sie in die Kirche und blieb lange Zeit darin sitzen. Als man ihr bei klirrender Kälte noch ihre kleinen Kinder von der Burg herabbrachte, wußte sie nicht, wohin sie sich mit ihnen wenden oder wo sie sie hinlegen sollte. Notgedrungen zog sie in das Haus eines Priesters. Dort ernährte sie die Ihren und sich kärglich von dem Erlös dessen, was sie verpfänden mußte.

In der Stadt wohnte einer ihrer ehemaligen Diener in einer Wohnung mit mehreren kleinen Räumen. Auf Empfehlung ihres Wirtes zog sie zu ihm und wohnte dort mit ihrer ganzen Dienerschaft in einer kleinen Stube. Der Wirt und sein Hausgesinde begegneten ihr dort ohne eine Spur von Nächstenliebe, sondern setzten ihr auf niederträchtige Weise zu. Sie zog deshalb aus der Behausung fort, dankte ihnen weinend und sprach: »Diese Leute wollte ich gern segnen, hätte ich nur eine Veranlassung dazu.« Darauf kehrte sie wieder in ein kleines, schmutziges Haus zurück, worin sie zuvor schon gewohnt hatte, denn ein anderes konnte sie nicht finden.

O welch wundersame und herzergreifende Wandlung und welch unvorhersehbare Veränderung! O weh, wie trügerisch und eitel ist doch das Glück dieser Welt! Sieh nur, die Frau, die zuvor am Fürstenhof lebte und anderen Leuten gebieten konnte, muß nun um eine Herberge betteln und vermag doch keine zu finden. O darin offenbart sich die wundersame und unbegreifliche Ordnung Gottes, daß sie, die einst wie eine Mutter die Kinder der Armen zu beköstigen pflegte, nun durch ihre Armut gezwungen ist, ihre eigenen Kinder um deren Lebensunterhaltes willen von sich hinweg in fremde Lande, an ferne Orte zu senden. So mußte sie die Armut erleiden; und das wenige, was sie bekommen konnte, sparte sie sich noch vom Munde ab und gab es armen Leuten.

Damals lebte dort eine arme, alte und kranke Frau. St. Elisabeth hatte ihr für ihre Armut milde Gaben, für ihre Krankheit Heilmittel und für ihr Alter Trost und Hilfe gespendet. Nun gab es in der Stadt einen schmalen Weg, auf den man, wo der Schmutz sehr tief war, Steine gelegt hatte, damit die Leute darüber gehen konnten. Auf diesem Weg begegnete diese Witwe einmal ihrer Wohltäterin, der Frau Elisabeth; sie wollte ihr auf dem engen Weg nicht ausweichen und hatte ihre Mildtätigkeit vergessen. Darum versetzte das gemeine und freche Weib der edlen, sanftmütigen Elisabeth einen Stoß, so daß die Dienerin Gottes in den tiefen Unrat stürzte und an sämtlichen Kleidern über und über verschmutzt war. Sie ertrug es mit großer Gelassenheit und Nachsicht. Als man sie aufhob, lachte sie, dann reinigte sie an einem Gewässer fröhlich ihre Gewänder. Ihre unschuldsvolle Seele jedoch wusch sie im Blut des Lammes Christus. All dies mußte sie erleben, und dabei vergaß sie Gott nicht, noch tat, sie Unrecht. Im Gegenteil! Je größere Drangsal sie erfuhr, desto stärkere Kraft empfing sie durch göttliche Inspiration, die ihr unser Herr Jesus Christus täglich schenkte, denn sie widmete sich Tag und Nacht ihrem Gebet.

## Von Gottes Trost, den die fromme Elisabeth erhielt. Und wie die Äbtissin von Kitzingen nach ihr senden ließ

Als die Dienerin Gottes in der Fastenzeit nach ihrer Gewohnheit zur Messe gegangen war, entbrannte in ihr das Feuer der Andacht. Sie kniete, zur Wand geneigt. In ihrer Meditation erhob sie sich über sich selbst hinaus, und hielt ihre Augen längere Zeit auf den Altar gerichtet. Dies bemerkte die edle und fromme Dame Isentrut, die engste Vertraute der gottgefälligen Frau Elisabeth. Sie wartete danach auf eine Gelegenheit und bat sie dann inständig, ihr die Gesichte zu offenbaren, die sie hatte, als man den Leib unseres Herrn emporhob. Die gottbeseelte Elisabeth antwortete: »Was ich dank der Offenbarung unseres Herrn da gesehen habe, muß man nicht den Leuten erzählen. Dir aber möchte ich es nicht verschweigen. So sollst du wissen, daß meine Seele von einer beglückenden Freude überströmt wurde. Mit meinen inneren Augen beschaute ich Gott und seine wunderbaren Geheimnisse.« Aus der Kirche in ihr armseliges Häuschen zurückgekehrt, nahm sie ganz wenig Speise zu sich. Da sie krank war, blieb sie nach dem Essen mit der genannten Isentrut allein. Wie zum Schlafen legte sie sich auf deren Schoß und kehrte ihre Augen der Wand zu. Nach einer Weile erglänzte ihr Gesicht hell, und vor Freude lachte sie glücklich. Eine gute Stunde später schloß sie die Augen und vergoß Tränen ohne Zahl. Doch kurze Zeit darauf öffnete sie ihre Augen, erschien fröhlich wie vordem, und lachte freundlich. Und so weinte sie mit geschlossenen Augen und lachte mit geöffneten. Dies währte eine gute Weile bis zur Zeit der Komplet, doch so, daß sie häufiger Freude als Trübsal zeigte. Nach dieser Vision sprach sie mit Inbrunst: »Ja, Herr, du willst bei mir sein, und ich will bei dir sein und werde nicht von dir lassen.« Isentrut, auf deren Schoß sie noch lag, vernahm diese Worte und wunderte sich sehr. Inständig bat sie, ihr die Geheimnisse zu offenbaren. Die gottergebene Elisabeth hätte sie zwar gern bei sich bewahrt, ließ sich aber aus Zuneigung bewegen, ihr zu antworten:

Elisabeth: »Mein geliebter Herr Jesus
neigte sich zu mir«

»Ich sah den Himmel geöffnet. Mein geliebter Herr Jesus neigte sich zu mir und schenkte mir Trost für mancherlei Ängste und Nöte, die mich heimsuchen. Wenn ich ihn dann anschaute, erfaßte mich Freude, und ich lachte. Wenn er sich jedoch von mir abwand, als ob er von mir fortgehen wollte, weinte ich. Da erbarmte er sich meiner, wandte mir sein strahlendes Antlitz zu und sprach: ›Wenn du bei mir sein willst, so will ich bei dir sein.‹ Da erwiderte ich: ›Ja, Herr, du willst bei mir sein, und ich will gern bei dir sein und werde niemals von dir lassen.‹«

O welch beglückendes, starkes Gelöbnis, und welch festes Vertrauen! O welch dankbare Ergebenheit dieser Frau, der sich die Macht des Allerhöchsten zugeneigt hat! O was für eine glühende Liebe, welche die Gegenwart Gottes schauen durfte! O welch herzinnige Hingabe, die von göttlicher Süße beglückt wurde! O welch fromme Sorge, der sich himmlische Freude öffnete! Diesen Schatz lernte die heilige Frau fest zu verbergen, damit der Wind der Eitelkeit nicht verwehte, was göttliche Gnade zusammengeführt hatte. Meister Albertus spricht: »Ich glaube, in ihrem Herzen wohnt die heilige Dreifaltigkeit, denn Gott wirkte durch seine ergebene Dienerin und glühende Nacheiferin so viele Wunder.«

Eine edle Dame geistlichen Standes, die Äbtissin von Kitzingen, eine Verwandte St. Elisabeths, erfaßte Mitleid mit der frommen Frau in ihrer bitteren Armut. Sie sandte nach ihr und ließ sie auf würdige Weise zum Bischof von Bamberg bringen, einem leiblichen Onkel der Gottesdienerin Elisabeth. Bei ihm fand sie gnädige und ehrenvolle Aufnahme sowie freundliche und liebevolle Behandlung. Dem ehrwürdigen Bischof war bewußt, daß der heilige Paulus schreibt: »Ich will, daß junge Witwen einen Ehemann nehmen.« Er überlegte deshalb, wie er sie einem Fürsten zur Frau geben könnte. Das blieb ihr nicht verborgen. Als die Jungfrauen ihres Gefolges, die gemeinsam mit ihr Keuschheit gelobt hatten, sie weinend darauf ansprachen, gab sie ihnen mit Festigkeit und mit ihrer tiefen Überzeugung zur Antwort: »Gott der Herr, der die Herzen und alles Verborgene kennt, weiß, daß ich zu Lebzeiten meines Gemahls das Gelübde der Keuschheit abgelegt habe. Das tat ich aus reinem, einfältigem Herzen, weder aus vorgetäuschter Überzeugung noch mit Einschränkungen. Es geschah vielmehr aus freiem Willen und von Herzen. So will ich nach dem Tod meines geliebten Gatten um der Ehre Gottes, unseres Schöpfers, willen ein Leben in Keuschheit führen. Ich vertraue deshalb fest auf Gottes Barmherzigkeit und darauf, daß er meine Keuschheit gegen alles Reden und Handeln der Leute zuverlässig schützt. Sollte man mich jedoch zur Ehe zwingen, werde ich mich dem mit Worten und nach Kräften widersetzen; falls ich dem aber auf andere Weise nicht entgehen könnte, würde ich heimlich meine Nase verstümmeln, so daß wegen meiner Verunstaltung alle Welt vor mir die Flucht ergreifen wird.«

Der Bischof gebot, die Dienerin Gottes auf die Burg Pottstein zu bringen. Dort sollte sie mit ihrem Gesinde solange bleiben, bis man sie einem Fürsten zur Frau geben würde. Der Bischof hatte für sie und einen Fürsten einen Tag bestimmt.

Betrübt und widerwillig zog nun die Gottesdienerin auf die Burg Pottstein, denn es war ihr zu Ohren gekommen, was der Bischof mit ihr im Sinne hatte, und davon befürchtete sie Gefahr für ihren Vorsatz. Sie nahm ihre Zuflucht zu Gott und befahl in tränenreichem Gebet ihre Keuschheit seinem Schutze an. Gott in seiner Barmherzigkeit erhörte ihre Stimme und verwandelte ihr Weinen und ihre Trübsal in Erleichterung und Freude. Er fügte es, daß bei ihr und ihrem Oheim, dem Bischof, die Nachricht von der Rückführung ihres verstorbenen Gemahls eintraf. Da wurde der Termin hinfällig. Und siehe, sogleich erschien des Bischofs Bote und hieß sie nach Bamberg kommen.

## Wie man die Gebeine des edlen Fürsten, Landgraf Ludwigs, brachte. Und wie die edlen Pilger und die sterblichen Überreste des Fürsten in Bamberg empfangen wurden

Als der durchlauchtige Fürst, Landgraf Ludwig von Thüringen, in Apulien starb, umgaben ihn edle Herren und ehrenhafte Leute, die mit ihm gezogen waren. Sie hüllten den Leichnam in würdige, feste Tücher und bestatteten ihn mit den gebührenden Ehren. Nachdem sie ihre Pilgerreise beendet hatten, gruben sie den Leichnam wieder aus. Das Gebein strahlte weiß wie Schnee. Sie betteten es in einen reinen Schrein. Dieser wurde verschlossen, geziemend bedeckt, auf eine Bahre gestellt und von dannen geführt. Als gute Christen und treue Anhänger ihres Herrn legten sie ein silbernes, edelsteingeschmücktes Kreuz darauf. In der Stadt oder Gegend, wo sie nächtigten, bahrten sie die Gebeine in der Kirche auf und veranlaßten, daß dort kundige fromme Personen die Nacht hindurch beteten und das Totenamt hielten. Morgens ließen sie eine Messe lesen, verrichteten ein Opfer und zogen danach ihres Weges. Ebenso hielten sie es auch andernorts. In einer Stadt, die eine Kathedrale oder ein Kloster besaß, spendeten sie für die Seele des Toten ein purpurnes oder ein seidenes Tuch, mit dem sie die Gebeine bedeckt hatten. O was für ein würdiger Leichenzug! Welch treuergebene und fromme Menschen dieses Amtes walteten! Als sie sich der Stadt Bamberg näherten, verkündeten sie dem Bischof die Ankunft der Gebeine. Der Bischof rief die Tochter seiner Schwester, die Gottesdienerin Elisabeth, die einsame Witwe, zu sich, damit sie dem Zug mit den sterblichen Überresten ihres Gatten entgegenzog und ihn empfing. Umsichtig verfügte er, daß sie zu ihrer Ehre und zu ihrem Trost beim Anblick der Gebeine würdige und edle Leute um sich hatte, die ihr Stärke verliehen. Dann begab sich der ehrwürdige Bischof mit einer ansehnlichen Schar von Mönchen und Klerikern unter Gebeten und Trauergesängen aus der Stadt zu dem Leichenzug und empfing ihn mit allen Ehren und unter dem Klang der Kirchenglocken. Auch eine große Volksmenge hatte sich eingefunden und stimmte Lobgesänge an. So zogen sie zur Kirche des Bistums. Denn geheiligt ist und heilbringend das Gebet für die Toten.

### Wie sich die leiderfüllte Elisabeth angesichts der sterblichen Überreste des Landgrafen verhielt. Und wie sie mit den vornehmen Pilgern von Bamberg nach Thüringen zog

Nachdem die sterblichen Überreste in Gegenwart der verehrungswürdigen Witwe niedergesetzt worden waren, öffnete man den Schrein und zeigte ihr die Gebeine. Welch tiefer Schmerz sie da erfaßte, wußte allein er, der alle Menschenherzen kennt. Das Leid ergriff sie von neuem und fuhr ihr in alle Glieder, als sie einzeln und ungeordnet die Knochen des Körpers erblickte, den sie geliebt hatte. In so tiefem Schmerz richtete sie ihre Gedanken auf Gott, empfing Kraft und sprach: »Ich danke dir, Herr Jesus Christus, daß du deiner Dienerin den sehnlichen Wunsch erfüllt hast, der mich bewegte, die sterblichen Überreste meines Bruders noch einmal zu sehen, und in deiner Barmherzigkeit meiner gequälten Seele Trost gespendet hast. Mich schmerzt es nicht, daß er sich selbst geopfert hat, um deinem heiligen Land zu Hilfe zu kommen. Nun will ich ihn und mich deinem göttlichen Willen anbefehlen. Ich wollte ihn nicht – selbst wenn dies möglich wäre – auch nur mit einem einzigen Wort gegen deinen Willen zum Leben zurückwünschen.« Nach diesen Worten hörte sie auf zu weinen und verließ die Kirche, um sich irgendwo niederzusetzen und auszuruhen. Die edlen Pilger aus Thüringen, die die sterblichen Überreste des Fürsten gebracht hatten, bat sie zu sich und empfing sie ehrenvoll und ergeben. Sie sprach freundlich mit ihnen, und unter anderem klagte sie ihnen auch ihr Leid und das Unrecht, das sie erlitten hatte. Dann forderte der Bischof dieselben adligen Herren auf, für die Witwe ihre Morgengabe wiederzuerlangen und in gebührender, würdiger

Weise für sie zu sorgen. Das legte ihnen der Bischof wohlmeinend ans Herz, und die Herren gelobten dem Bischof, sie als ihre rechtmäßige Herrin zu achten und ihr wieder zu all ihren Rechten zu verhelfen. Andernfalls war der Bischof nicht gewillt, die fromme Frau hinweggeleiten zu lassen. Als sie den Segen des Bischofs empfangen hatten, zogen im Namen unseres Herrn Jesus Christus die einen in ihr Land, die anderen mit der frommen Elisabeth und den Gebeinen des toten Fürsten nach Thüringen. Dort verbreitete sich die Nachricht von der Ankunft des Trauerzuges, und tiefe Rührung erfaßte das ganze Land. Alle Menschen klagten und weinten. Grafen und Ritter, Städter und Bauern, Männer und Frauen zogen ihm in großer Zahl entgegen. Als sie bei dem Kloster Reinhardsbrunn angelangt waren, schritt ihm eine große Gemeinschaft von Mönchen und Klerikern entgegen und empfing ihn in tiefer Ergriffenheit feierlich mit Gebet und Gesang.

## Wie der Landgraf in Reinhardsbrunn beigesetzt wurde. Und wie sich die Fürsten mit St. Elisabeth zum Landgrafen Heinrich begaben

Nach Totenwache, Gebet, Almosen, Messe, Opfer und nachdem alles, was zur Würdigung eines Verstorbenen und zum Heil seiner Seele gereicht, vollständig und in Andacht verrichtet worden war, bestattete man die sterblichen Überreste des Fürsten mit allen Ehren in der Gruft seiner Vorfahren. Zugegen waren die Fürstin Sophie, seine Mutter, und Fürstin Elisabeth, seine Gemahlin; weiterhin Heinrich und Konrad, die Brüder des Fürsten. Alle beweinten ihn und klagten leiderfüllt.

Dieser Fürst starb im Jahre 1227 nach Gottes Geburt, im Monat September, in der Stadt Otranto auf Sizilien. Im Jahre darauf wurde er in dem Benediktinerkloster Reinhardsbrunn beigesetzt. Dort ruht er im Frieden des Herrn. Nachdem die Beisetzungsfeierlichkeiten beendet und jedermann nach Hause zurückgekehrt war, trugen die ruhmreichen Herren und Ritter aus dem Gefolge des

Landgrafen, die seine sterblichen Überreste in die Heimat überführt hatten, Sorge für St. Elisabeth. Sie dachten an das Gelübde, das sie vor dem Bischof von Bamberg abgelegt hatten, und suchten den Bruder des verstorbenen Fürsten, Landgraf Heinrich, auf. Hier sind ihre Namen: Rudolf von Vargula, Ludolf von Berlstedt, Hartung von Erpha und Walther von Vargula. Alle zeichneten sie sich durch Ehrenhaftigkeit und Weisheit aus.

## Wie der Bruder des verstorbenen Fürsten weinte, als er getadelt wurde. Und wie die heilige Elisabeth einige Zeit bei ihrem Schwager weilte

Rudolf von Vargula, der hervorragendste von ihnen, suchte mit den anderen den jungen Fürsten auf und sprach zu ihm: »Mit Trauer und mit Scham haben wir vernommen, daß du zu großer Ungerechtigkeit und Treulosigkeit fähig bist! Mein Fürst, was hast du getan! Die Frau deines Bruders, die Tochter eines edlen Königs, der du Trost spenden und Ehre erweisen solltest, hast du grundlos wie eine bösartige Frau schmählich von Haus und Gütern vertrieben. Du hast geduldet, daß sie betteln ging. Die halbverwaisten Kinder deines Bruders, die du hättest beschirmen sollen, hast du der Mutter genommen. Wo blieb da deine brüderliche Liebe? Wie hätte denn eine kranke Frau, eine verlassene, kummervolle und bemitleidenswerte Witwe, diese fromme Dame dir Schaden zufügen können? Leider aber hast du Gott erzürnt, dir selbst Unehre bereitet, dem Lande Thüringen Schande gemacht, deinen Ruf geschändet. Ich befürchte, daß Gott dich und dein Land strafen wird, wenn du der gottgefälligen Frau nicht Genugtuung leistest.« Alle Anwesenden verwunderte es, daß der charakterfeste und entschlossene Mann zu einem Fürsten mit solcher Kühnheit sprach. Doch es war recht und billig, denn die bewährte Tugend soll die Unverständigen strafen. Der junge Fürst zeigte sich von dieser Rede beeindruckt und begann heftig zu weinen. »Mir tut es leid, daß dies geschehen ist«, erwiderte er. »Um vor ihren Augen Gnade zu finden, werde ich tun, was meine Schwester Elisabeth verlangt. Mit allem, was in meiner Macht steht, will ich ihre Wünsche erfüllen.« Der Herr antwortete: »Wenn du Gottes Zorn entgehen und den Schaden, den du verursacht hast, wiedergutmachen willst, bedarf es vor allem deiner Gerechtigkeit.« Als die fromme Frau Elisabeth von diesen Worten erfuhr, antwortete sie: »Burgen, Städte und Landbesitz, die einem nur Sorgen bereiten, möchte ich nicht haben. Doch was mir rechtens von der Morgengabe zusteht, das erbitte ich von meines Bruders Gnade, und zudem, daß ich es nach meinen Bedürfnissen und für das Seelenheil meines geliebten Gemahls aufwenden und ausgeben darf.«

Als die tugendhafte Frau so sprach, strebte sie nach jenen überirdischen Gütern und nicht nach vergänglichen. Ihr Sinn erhob sich zur Verachtung des Vergänglichen und zur Sehnsucht nach dem Ewigen, hin zu den milden Gaben für die Armen und zur Barmherzigkeit gegenüber den Notleidenden. Eine Zeitlang blieb die gottselige Elisabeth bei ihrem Schwager, und so lange verhielt er sich ihr gegenüber höflich und ließ freundlich und ehrenvoll für sie sorgen. Doch Gottes Gnade öffnete ihr die Augen dafür, daß Wohlleben, Hochmut und Reichtum der Fürsten sich gewöhnlich auf die Abgaben und die Lasten der armen Leute gründen. Statt weiterhin in fürstlichen Freuden zu leben, zog sie es deshalb vor, mit dem Volke Gottes Qualen zu erleiden und zu den einfachen Menschen gezählt zu werden. Infolgedessen geschah es, daß sie wie schon zuvor bittere Armut leiden mußte.

## Von der Verachtung, welche die gottselige Frau Elisabeth durch Edelleute in Thüringen erfuhr. Und wie sie sich von allen irdischen Gütern abkehrte

Als die Edlen und Wohlgeborenen dieser Welt erkannten, daß die fromme Frau Elisabeth die Welt und ihre Ehren geringschätzte und verschmähte, verachteten sie die Dienerin Gottes so sehr, daß sie sie weder anschauten noch mit ihr sprachen, daß sie sie unterdrückten, verleumdeten und sie dumm und töricht nannten, weil sie irdischen Reichtum und irdische Ehre verschmähte. Die bösen Worte und Verunglimpfungen ertrug sie dank der Hilfe Gottes wohlgemut und so freundlich, daß sie sich den Vorwurf zuzog, sie hätte ihres Mannes Tod vergessen und statt Trauer empfände sie Freude. Dabei wußten die Armseligen nicht, daß es jene Freude war, die den Sündern nicht zuteil wird. Heiter war sie nicht etwa deswegen, weil sie nicht mehr ihres toten Gemahls gedacht hätte, sondern weil ihre Gedanken bei Christus, ihrem Herrn weilten, dem Bräutigam und Gemahl im ewigen Leben. Sie empfand Freude in ihrer Trübsal, denn sie wußte, daß es nur denen, die Gott liebhaben, gegeben ist, in Trübsal Freude zu haben. Sie freute sich auch darüber und dankte Gott dafür, daß sie für würdig befunden war, verleumdet zu werden, weil sie Keuschheit gelobt hatte. Die Nachrede erfuhr sie von jenen, die dieser Welt anhingen. Hätte sie ihr Leben dieser Welt geweiht, so wären ihr auf Erden höchste Würden, Herrschaft, Reichtum und Ehre zuteil geworden. Doch sie schätzte die Armut Christi höher als die Reichtümer Ägyptens. Statt diesseitiger Freuden erwählte sie das Kreuz Christi. Aber gläubige und verständige Menschen verehrten sie als ein leuchtendes Vorbild. Der heilige Vater, Papst Gregor der Neunte, ermutigte sie durch seine Briefe; er stellte ihr das Leben der Heiligen vor Augen, versprach ihr die ewige Seligkeit, ermahnte sie, am Ideal der Keuschheit festzuhalten, und lehrte sie väterlich und milde Stetigkeit und Geduld zu bewahren. Ihre Person und ihren Besitz nahm der Papst unter seine besondere päpstliche Obhut. Meister Konrad, einem frommen Priester, der vor Gott und vor den Menschen gerecht war, befahl er sie mit seinem Schreiben an und bestimmte ihn zu ihrem Schutzherrn. Doch Gottes Dienerin Elisabeth kehrte sich von allen irdischen Dingen ab und wünschte allein Gott zu gefallen. Sie fragte deshalb Meister Konrad, den der Papst über sie gesetzt hatte, um Rat, wie sie ihr Leben gestalten sollte, und erwog bei sich ein Dasein als Einsiedlerin oder Klausnerin, doch auch Lohn und Verdienst anderer regulierter Lebensformen. Bei alledem aber neigte sie entschieden dazu, bittere Armut zu erleiden und vor aller Augen von Haus zu Haus um Brot betteln zu gehen. Als sie weinend und in tiefer Ergebenheit Meister Konrad um die Erlaubnis dazu bat, rügte der umsichtige Mann sie hart, denn er dachte an ihre adlige Herkunft und die Schwäche ihres Körpers. Nachdem die Dienerin Gottes vernommen hatte, daß der Priester ihr den Wunsch abschlug und ihr nicht gestatten wollte, die Lehre des Evangeliums zu erfüllen, sprach sie zu ihm: »Vater, ich werde das zu tun beginnen, wovon du mir nicht abraten wirst.« Während der vorösterlichen Tage, an denen man der Leiden unseres Herrn Jesus Christus gedenkt, befand sich Christi Dienerin Elisabeth in einer kleinen Stadt mit einem Franziskanerkloster, das sie selbst gestiftet hatte. Als zum Gedenken an unseren Erlöser und Heiland Jesus Christus am Karfreitag die Altäre entblößt und ihres Schmuckes entledigt wurden, wie unser Herr entblößt war, befand sich Meister Konrad mit einigen anderen Brüdern in einer Kapelle. Da schritt Gottes Dienerin Elisabeth zu dem enthüllten Altar, legte ihre Hände darauf und entsagte aus freiem Willen ihren Eltern, Kindern, Verwandten, Freunden und allem Glanz und Schmuck dieser Welt; sie legte ihr Gewand ab zum Zeichen, daß sie dem unbekleideten Christus in Liebe und Armut nachfolgen wollte. Als sie sich anschickte, auch auf all ihr Hab und Gut zu verzichten, hielt sie der kluge Meister Konrad zurück und bestand darauf, daß sie ihre Morgengabe oder ihr Leibgedinge behielt; das sollte sie nutzen, um Armen davon Almosen zu geben.

## Wie die gottselige Elisabeth nach Marburg zog. Und wie Gott ihr die Gabe verlieh, alle Dinge zu verachten

Nach diesem Ereignis wurde ihr bange vor dem Treiben und der Rastlosigkeit dieser Welt. Bald darauf verließ sie Thüringen, wo sie mit ihrem Gatten in Ehren gelebt hatte, folgte dem Ratgeber Meister Konrad und zog nach Marburg. Dort mochte sie wegen der üblen Nachrede einiger Leute nicht bleiben. Deshalb zog sie in ein armseliges Dörfchen und dort, um niemand zur Last zu fallen, auf einen verlassenen Hof. Da sich keine geeignetere Stelle bot, legte sie sich unter die Stufen zu einer Kammer. Sie schützte sich notdürftig vor den Sonnenstrahlen, nährte sich auch dort von der kargen Speise, die sie erlangen konnte, und war Gott dankbar. Voller Geduld ertrug sie die Sonnenhitze, das Stürmen des Windes und den Schmerz des Rauches, unter dem ihre Augen stark litten. Damals wurde ihr in Marburg aus Holz und Lehm ein kleines Häuschen gebaut. Sie bezog es und wohnte darin gemeinsam mit ihren Frauen in großer Ergebenheit und Genügsamkeit. Elisabeth, die demütige Dienerin Christi, ging ihren Mägden fleißig zur Hand und wusch Töpfe und Schüsseln ab, reinigte Pfannen und anderes Küchengerät. Um die erwähnten niedrigen Arbeiten ungestört erledigen zu können, schickte sie für diese Zeit ihre Dienerinnen aus dem Haus. Wenn sie wieder heimkamen, sahen sie, daß sie noch am Werk war oder schon alles ganz und gar besorgt hatte. Gewöhnlich bereitete sie mit ihren Jungfrauen die Speise ohne Gewürz und ohne Salz. Dazu brauchte sie weder Zutaten noch Vorräte. Kärglich ernährte sie sich vor allem von Mus oder Kohl, zubereitet in schalem Wasser. Hatte sie das dürftige Gericht einmal anbrennen lassen, so erduldete sie fröhlich die Strafe der Mädchen. Wenn es gelegentlich etwas Gutes zu essen gab, verzichtete sie darauf und brachte es armen Leuten, die mit ihr in dem Häuschen wohnten.

Meister Konrad, dem der Papst aufgetragen hatte, sie zu unterweisen und zu lenken, wachte sorgsam über ihre Frömmigkeit und riet ihr, auf alle irdischen Güter zu verzichten. Als die Gottesdienerin bemerkte, daß sie dazu aus eigener Kraft nicht imstande war, wandte sie sich an unseren Herrn Jesus Christus und erwirkte durch Gebet die Erfüllung ihres Wunsches. Einmal hatte sie inbrünstig zu Gott gebetet. Danach sagte sie im Vertrauen zu ihren lieben Jungfrauen: »Der Herr hat mein Gebet erhört. Seht her: Aller weltlicher Besitz und Reichtum, woran ich vormals hing, erscheinen mir jetzt wie Unflat. Meine reizenden kleinen Kinder, die ich von Herzen liebhatte, sehe ich jetzt nur wie andere Christenmenschen an, wie Gott weiß, dem ich sie dargebracht und anbefohlen habe. Möge er sie auf den rechten Weg führen, wie es ihm gefällt. Auch an den

Verleumdungen der Leute, die mir gelten, habe ich meine Freude und meine Lust. Kein Geschöpf, sondern allein den Schöpfer aller Dinge habe ich lieb.«

Was für eine edle Seele, die sich von der Gier nach Besitz, vom Liebreiz ihrer Kinder, von herbem Schimpf und Spott nicht verleiten ließ. O welch lauteres und inbrünstiges Gebet, dem es beschieden war, so große Gnade zu erlangen. O welche einzigartige Liebe, die durch ihre Werke so hohe Tugend bewies.

## Wie sie in Marburg das Spital stiftete. Und wie Meister Konrad von ihrem guten Vorsatz erfuhr und sie darin förderte

Wenn die Liebe die Gedanken beseelt, pflegt sie großartige Werke zu vollbringen. So begann Elisabeth, ein Spital bauen zu lassen. Darin wollte sie die kranken Glieder Christi sammeln, Christus dem Herrn dienen und sich in der Mühsal üben. Um sich als eine Dienerin Christi sichtbar auszuweisen, empfing sie aus den Händen Meister Konrads ein einfaches, steifes, abgelegtes Gewand, das von dunkler oder grauer Farbe und billig war. Ebenso kleidete sich die Jungfrau Guda, ihre getreue Dienerin und Nacheiferin. Gottes Dienerin, die fromme Elisabeth, widmete sich beständig ihrem Gebet und verrichtete Werke der Nächstenliebe und der Barmherzigkeit; die allerärmsten und schwerkranken Menschen brachte sie in ihre Herberge und versorgte sie eigenhändig mit großer Aufopferung. Als Meister Konrad sah, daß sie solch verkommene und armselige Menschen an ihren Tisch aufnahm, tadelte er sie deswegen. Da erzählte sie ihm ihr bisheriges Leben. »Durch entgegengesetztes Verhalten müssen wir für unsere Sünde büßen«, sagte sie und fügte hinzu, daß ihr daraus eine besondere Gnade erwachse. Der gottergebene Priester Meister Konrad bemerkte, daß die Gottesdienerin St. Elisabeth zum Gipfel der höchsten Vollkommenheit emporstrebte. Er entzog ihr deshalb alles, was sie von ihrem Vorsatz hätte abbringen können, und ließ ihr zukommen, was sie darin

Als der Graf aus Ungarn nach Marburg kam,
fand er Elisabeth mit einem Spinnrocken
Wolle spinnen

bestärken sollte. So schickte er ihr ganzes Gesinde, bei dem sie zuvor hatte Trost suchen können, von ihr fort; danach auch die ehrbare Frau Isentrud, an der sie mit inniger Liebe hing; zuletzt nahm er ihr noch die Jungfrau Guda, ihre Gefährtin seit der Kindheit. Darüber weinte sie sehr. Der fromme Priester nahm Gottes Dienerin jede Gemeinschaft mit Menschen und deren Trost, damit die Beständigkeit ihres Gehorsams und ihres Willens, Gott allein zu dienen, offenbar wurden.

## Von der großen Armut, welche die gottselige Elisabeth litt. Und wie ihr Vater, der König von Ungarn, nach ihr sandte und sie nicht kommen wollte

Nun blieb die armselige Elisabeth Gott allein überlassen. Voll Ergebenheit duldete sie bittere Armut und begnügte sich mit der schäbigsten Kleidung und Kost. Ihr Brot verdiente sie mit der Arbeit ihrer Hände. Auf das Flachsspinnen verstand sie sich nicht. Doch von dem Jungfrauenkloster zu Altenberg bekam sie Wolle; die spann sie, verkaufte sie unter ihrem Wert und ernährte sich davon. Ihr Kleid war billig und rauh. Der Mantel war von grauer Farbe, kurz und mit andersfarbigem Stoff verlängert. Die zerrissenen Ärmel ihres Rockes hatte sie gleichfalls mit Material von anderer Farbe ausgebessert. Hierzu verwendete sie schäbigen alten Stoff, den sie irgendwo gefunden hatte. Wenn in ihrer Küche der Herd beschädigt war, richtete sie ihn selbst wieder her, so gut sie es konnte. Auch ihre zerrissenen Kleider besserte sie selbst aus, obwohl sie das Nähen nur flüchtig gelernt hatte.

Nun geschah es einst, daß der mächtige König von Ungarn, der Vater der armen Elisabeth, einen zuverlässigen Boten, den Grafen Panian, mit großem Gefolge entsandte, der ihm seine Tochter Elisabeth in sein Land zurückbringen sollte. Der berühmte und reiche König hatte nämlich vernommen, daß seine Tochter in tiefer Armut lebte und ohne allen Trost war. Als der Graf mit seinen Dienern nach Marburg kam, fand er die Tochter seines Herrn, des

Königs, sitzen und mit einem Spinnrocken Wolle spinnen. Überrascht bekreuzigte er sich. »Noch nie«, rief er, »habe ich eine Königstochter Wolle spinnen sehen!« Mit aller Überredungskunst mühte sich der edle Herr, sie zur Rückkehr zu ihrem Vater und in das Königreich zu bewegen, in dem sie geboren war. Aber St. Elisabeth schätzte die Armut Christi höher als das Königreich ihres Vaters und zog das Leid des Herrn dem Palast ihrer Geburt vor. Sie ließ sich nicht dazu überreden, mit dem Gesandten ihres Vaters heimzukehren. Da reisten sie in ihr Land zurück. Doch die fromme Elisabeth, die gottbeseelte Arbeiterin, setzte sich an ihr Spinnrad, nahm die Spindel und verdiente sich mit ihren Händen ihr Brot. Sie arbeitete so fleißig, daß sie, selbst als sie sehr krank war und im Bett liegen mußte, noch Wolle spann. Wenn ihr aber die Jungfrauen den Spinnrocken wegnahmen, zupfte sie die Wolle, um nicht müßig zu sein.

## Von dem demütigen Zusammenleben der Frau Elisabeth mit ihren Mägden. Und von den Werken ihrer dauernden, unermüdlichen Freigebigkeit

Wie freundlich und ergeben sie sich gegenüber ihren Dienerinnen verhielt, vermag niemand vollständig zu schildern. Von ihrer Kindheit bis zum Ende ihres Lebens war sie gern mit einfachen, bescheidenen und armen Menschen zusammen und unterhielt sich mit ihnen. Als sie schließlich ihre Kleidung gewechselt hatte, ließ sie nicht mehr zu, daß ihre Mädchen, die arm und nichtadligen Standes waren, sie Herrin nannten; vielmehr wollte sie mit ihrem Namen angesprochen werden, wie es unter einfachen Leuten gebräuchlich ist. Mit den Jungfrauen pflegte sie sich zu unterhalten und die Mahlzeiten einzunehmen. Am Tisch mußten sie an ihrer Seite sitzen und mit ihr aus einer Schüssel essen. Eine Jungfrau namens Irmengart wunderte sich über die tiefe Demut der Frau Elisabeth, der edlen Königstochter. Einmal sprach sie zu ihr: »Du vermehrst deine Verdienste um uns und achtest wenig auf unsere Anfechtungen, denn daß wir mit dir essen und an deiner Seite sitzen dürfen, könnte in uns leicht Hochmut wecken.« Da antwortete ihr Gottes Dienerin, die sanftmütige Elisabeth: »Komm, setz dich auf meinen Schoß«, und drängte sie, dies zu tun. So lebte sie mit ihnen einträchtig, liebevoll und sanftmütig, bei heiteren, freundlichen Gesprächen und mit fruchtbaren, nützlichen frommen Worten. Keinesfalls mochte sie in ihrer Gegenwart eine verletzende oder zornige Rede dulden. Wenn sie gelegentlich ein solches Wort hörte, tadelte sie es auf der Stelle milde und fragte: »Wo ist der Herr Jesus jetzt? Denn die von unserem Herrn reden, denen will er sich gegenwärtig zeigen.« Die gottselige Elisabeth ging auch oft mit ihren Dienerinnen in die Häuser der armen Leute, brachte ihnen Brot, Fleisch, Mehl nebst anderen notwendigen Nahrungsmitteln und reichte alles eigenhändig den Armen. Dabei betrachtete sie aufmerksam deren Kleider und Betten. Insgeheim verkaufte sie goldene Fingerringe, seidene Schleier sowie anderes Wertvolle. Den Erlös verteilte sie unter die Armen; und was sie benötigten, auch wonach es die Siechen verlangte, schickte sie ihnen aus großer Fürsorge. Einmal begehrte ein siecher Mann Fisch zu essen. Diesen Wunsch wollte sie ihm erfüllen. Nachdem sie unseren Herrn angerufen hatte, ging sie, um Wasser zu schöpfen, an einen Brunnen, in dem es keine Fische gab. Sobald sie jedoch nach Hause gekommen war, fand sie als Geschenk Gottes einen prächtigen Fisch in ihrem Eimer und gab ihn dem Kranken zu essen. Dieses und viele andere Wunder bewirkte der allmächtige Gott in ihrem Leben durch sie, und die fromme Elisabeth dankte dafür voller Ergebenheit.

Ihre Mutter, die vor längerer Zeit auf jämmerliche Weise ermordet worden war, erschien ihr einstmals im Traum. Sie beugte ihre Knie und sprach: »Meine einzige Tochter, bitte Gott um meiner Seelenpein willen, die ich noch leiden muß, weil ich so leichtfertig dahingelebt habe. Ich hoffe, du kannst es wohl.« Als St. Elisabeth erwachte, betete sie aus innerstem Herzen für ihre Mutter und weinte bitterlich. Hernach schlief sie wieder ein. Da erschien ihr die Mutter erneut, dankte ihr dafür, daß sie bei Gott Gnade für sie erlangt hätte, und sagte, sie wäre nun erlöst; ihr Gebet aber werde allen jenen, die sie anrufen, Hilfe bringen.

Später reiste sie nach Altenberg. Da rief ihr ein armer Mann nach: »Ich bin jetzt das zwölfte Jahr besessen. Laß mich deinen Saum berühren, dann muß der böse Geist von mir weichen.« Sie kniete auf der Straße nieder und küßte den Armen. Sogleich fuhr der böse Geist aus dem Menschen heraus.

Unter anderen Werken der Barmherzigkeit nahm die Dienerin Christi, Elisabeth, ein Kind zu sich, das an einer Lähmung sowie an Blutungen litt und weder Vater noch Mutter hatte, die es hätten versorgen können. Sie trug das Kind auf ihren Armen und wusch es wegen seiner Unsauberkeit bisweilen sechsmal oder öfter in einer Nacht. Nach dessen Tode nahm sie ein Mädchen bei sich auf, das vom Aussatz befallen war. Sie hielt es in ihrem Haus verborgen und umsorgte es mit allen Werken der Barmherzigkeit und der Nächstenliebe. Nicht allein diente sie ihm, indem sie ihm Speise gab, das Bett bereitete und es wusch; mehr noch, die fromme, königliche Dame zog ihm auch hingebungsvoll die Schuhe aus. Diese Jungfrau ließ Meister Konrad von ihr fortbringen.

Darauf nahm sie ein armes Kind zu sich, das von der Krätze befallen war und kein einziges Haar auf dem Kopf hatte. Das behandelte sie mit Heilmitteln. Wo sie das gelernt hatte, weiß ich nicht.

Als sie einmal in die Kirche gehen wollte, begegnete sie einem ganz und gar unreinen Menschen. Sie nahm ihn mit nach Hause und wusch ihm Hände und Füße. Dabei löste sich so starker Schmutz von ihm ab, daß es sie davor ekelte. Zu sich sprach sie: »Du unreiner Sack, wie widerwärtig dir das ist! Es ist ein geheiligter Geschmack.« Sie trank das Wasser und sagte: »O Herr, du hast am heiligen Kreuz um meinetwillen Essig und Galle getrunken. Dafür sage ich dir von Herzen Dank.«

## Eine Rede an die gottselige Elisabeth

»Voll Vertrauen wende ich mich an dich, du edle und fromme Frau Elisabeth. Weshalb mühst du dich ab, du als Königstochter? Warum beschmutzt du dich mit solchen Dingen? Du bist als ein Kind von Adel und in Safran erzogen worden, warum berührst du diesen Schmutz? Du verschmähst den Königssaal und hängst dein Herz an ein winziges Häuschen. Gib mir eine Antwort, ich bitte dich darum.«

Die Antwort: »Wundere dich nicht über die Werke, die ich vollbringe. Gottes Gnade in mir bewirkt sie. Es sind keine schmutzigen Arbeiten, sondern Wunder Gottes. Sie sind keine Beschmutzung, sondern Heilmittel für die Sitten. Nenne nicht Schmutz, was den Körper heiligen kann. Ich habe den Palast der Welt verschmäht, weil ich nach dem Himmelreich strebe. Ich habe eine Lebensweise erkoren, die ich für die allerniedrigste halte. Und gäbe es eine noch armseligere, würde ich diese erwählen, denn auf dem schmalsten Weg gelangt man zu den höchsten Ehren.«

## Wie St. Elisabeth im Umfeld von zwölf Meilen um die Stadt Marburg ausrufen ließ, sie werde an alle armen Menschen milde Gaben verteilen. Und von den großzügigen Almosen, die an einem Tage ausgeteilt wurden

Nach dem Tod des durchlauchtigen Fürsten seligen Andenkens, des Landgrafen Ludwigs von Thüringen führte die verehrungswürdige und fromme Elisabeth einige Zeit wie beschrieben ein entsagungsreiches und schweres Leben mit Freude und in großer Duldsamkeit. Auf Geheiß Meister Konrads, den ihr Papst Gregor der Neunte zum Schirmherrn gegeben hatte, wurde der Dienerin Gottes eine Summe Geld als Zins vom Landgrafen Heinrich, dem Bruder ihres Gemahls, ausgehändigt. Dieser Fürst war ein gütiger, tiefgläubiger Mann und dem Meister Konrad ergeben. Die kluge, fromme Frau nahm das Geld, doch vergrub sie es nicht in der Erde, noch versteckte sie das Geld ihres Herrn. Vielmehr legte sie es gleichsam auf den Wechslertisch, um Gewinn zu erzielen. Diese wahre Jüngerin Christi hatte die Lehre des Evangeliums in sich aufgenommen und folgte ihr. All ihren Besitz verkaufte sie und tauschte irdisches Gut gegen ewiges, denn sie wußte, daß sie wegen des Todes vergänglich war, und trachtete und strebte danach, mit Hilfe des irdischen Gutes das ewige, unvergängliche Gut zu erlangen. Gemäß dem Evangelium wollte sie daher die Armen beschenken, und diese Absicht ließ sie im Umkreis von zwölf Meilen um die Stadt Marburg herum für alle armen Leute ausrufen, um niemand von der Gnade dieser Großzügigkeit auszuschließen. Für alle diejenigen, die dahin kommen wollten, wurde ein bestimmter Ort genau angezeigt. Am festgesetzten Tag versammelte sich dort eine unzählige Menge armer, kranker, blinder, lahmer Menschen, Männer wie Frauen; starke Stadtknechte sollten das Volk im Zaume halten, die Schar geordnet aufstellen und gegen die Habgier des einfachen Volkes entschlossen vorgehen. Zudem wurde eine Bestimmung erlassen und eine Strafe festgeschrieben: Niemand durfte von seinem Platz aufstehen oder zum Nachteil eines anderen ein zweites Mal Almosen in Empfang nehmen. Andernfalls sollte ihm das Haar geschoren werden. Man beauftragte redliche und zuverlässige Leute, die Gaben zu verteilen. In großer Anzahl fanden sich auch Zuschauer ein. Inmitten der Menschen weilte mit fröhlichem Herzen und liebreizendem Angesicht die berühmte Königin St. Elisabeth, teilte warmherzig und frohgemut aus und ging, das Gewand hoch geschürzt, unter den armen Leuten einher. In der Schar der Bedürftigen fühlte sich die Trösterin der Mühseligen, die edle Fürstentochter, wohl und schaute aufmerksam auf die fremden Armen und die Waisen. Die gebefrohe Spenderin schenkte und verteilte, wie sie es sich vorgenommen hatte, frohen Herzens; sie wußte sehr wohl, daß Gott einen fröhlichen Geber liebhat. Als die Vergabe eines so großen Schatzes von fünfhundert Mark Silber an einem Tag beendet war, zogen die Menschen hinweg und lobten Gott in seiner Dienerin Elisabeth. Von den schwerkranken

Die gebefrohe Spenderin schenkte und verteilte frohen Herzens

Menschen blieben nachts fünf in Winkeln liegen; als die barmherzige Elisabeth sie erblickte, ließ sie sie in ihr Haus tragen, ein Feuer für sie anzünden, ihnen zu essen geben, einigen die Füße waschen und salben und einem jeden sechs Pfennige aushändigen. Das erfüllte ihre Herzen mit Freude, aus ihrem Mund erscholl ein Lobpreis, und sie begannen zu singen. Als St. Elisabeth das vernahm, freute sie sich mit ihnen.

Nun sage mir bitte, wann hätte jemals ein Kaiser, König, Fürst oder Heiliger an so viel tausend Arme an einem Tag und an einem Ort so großzügig Almosen verteilt! Wahrhaftig, an so hoher Gnade kommt niemand ihr gleich. Darum wird die Gemeinschaft der frommen Christenheit ihrer Almosen zu Recht gedenken.

## Von der Bekehrung einer Jungfrau wegen ihres Haares. Und wie Meister Konrad der frommen Elisabeth eine gar zu freigebige Verteilung von Almosen untersagte

An dem Tag, da die fünfhundert Mark Silber als großzügige Almosen verteilt wurden, hatte sich eine Jungfrau mit sehr schönem Haar vor dem Gericht der gottseligen Frau Elisabeth wegen einer Übertretung der erlassenen Gebote zu verantworten. Als St. Elisabeth das prächtige Haar des Mädchens erblickte, befahl sie es abzuschneiden. Sogleich begann die Jungfrau lauthals herzergreifend zu weinen. Nun erklärten einige Leute, ihr wäre Unrecht widerfahren, denn sie wäre gekommen, um ihre kranke Schwester zu besuchen, und nicht wegen eines Almosens. »Ihr ist recht geschehen«, entgegnete St. Elisabeth, »denn mit diesem Haar wird sie künftig nicht mehr zum Tanz gehen.« Danach fragte St. Elisabeth sie, ob sie jemals den Wunsch nach einem besseren Leben verspürt hätte. Die Jungfrau antwortete: »Vor längerer Zeit hätte ich in einem Orden Gott gedient, wenn ich auf mein prachtvolles Haar nicht so stolz gewesen wäre.«

Siehe, welche Last das Haar für sie bedeutete! Wahrlich, durch den Schmuck ihres Haares hätte sie den Tod finden können, wenn es ihr unser Herr durch seine Dienerin Elisabeth nicht genommen hätte.

Die Verehrerin der Keuschheit sprach zu ihr: »Daß dein Haar abgeschnitten wurde, freut mich deshalb mehr, als wenn mein Sohn römischer Kaiser werden sollte.« O welch begnadetes Wort, welch königliche Rede, die aus einem Brunnen der lauteren Liebe floß! Darauf nahm die hochherzige Frau St. Elisabeth die Jungfrau, tauschte ihre weltliche Kleidung um und sandte sie in das Spital, damit sie dort ihr Leben lang Gott diente.

Damals wollte die Dienerin Gottes den restlichen Teil ihres Leibgedinges in gleicher Weise für Werke der Liebe und der Barmherzigkeit aufwenden, denn ihr Herz war weit geworden, ihre Hände aufgetan und hingestreckt zu den Armen. So pflegte sie nicht kärglich, sondern großzügig und vielen bedürftigen Menschen zu geben. Als Meister Konrad davon erfuhr, verbot er ihr jedes weitere Almosengeben, weil sie sonst überhaupt nichts behalten hätte, und gab ihr einige strenge Frauen zur Seite, die ihr hart zusetzten. Um Christi willen aber ertrug sie alles in Geduld. Jene behandelten sie unfreundlich und klagten bei Meister Konrad fortwährend über sie; so etwa, weil sie nicht gehorsam wäre, sondern den armen Leuten zu viel gäbe. Von Meister Konrad mußte sie dafür oft Schläge erdulden, und zwar verabreichte er ihr Backenstreiche; die wünschte sie zu erleiden, eingedenk der Backenstreiche unseres Herrn Jesus Christus. In bedeutenden und gewichtigen Angelegenheiten wahrte sie bereitwillig und stetig den Gehorsam. Aus welch weiter Entfernung der Meister sie auch immer zu sich rufen ließ, sie kam unverzüglich. Mitunter suchten ihre engsten Vertrauten, Frau Isentrut und Jungfrau Guda, sie auf. Ohne Erlaubnis durfte sie ihnen nichts geben, noch mit ihnen sprechen. Auch hinsichtlich ihrer Mildtätigkeit gegenüber den Armen bewies sie klugerweise ihre Unterwürfigkeit. Es war ihr nämlich nicht gestattet, einem Armen mehr als einen Pfennig zu geben; so schenkte sie pfennigweise, was sie insgesamt nicht zu geben wagte. Später durfte sie kein Geld, sondern nur noch Brot reichen. So wie bei den Pfennigen verhielt sie sich auch beim Austeilen des Brotes gehorsam.

Als ihr der Meister noch verbot, ganze Laibe zu geben, verschenkte sie Brotstückchen. In allem hielt sich die demütige Elisabeth an die Gebote des Gehorsams und der Unterordnung. Ihre Barmherzigkeit wurde angespornt. Als ihr der Meister untersagte, Almosen zu verteilen, pflegte sie die Aussätzigen, die Unreinen und die Kranken zu baden. Oft erkrankte sie an dem seelischen Schmerz des Mitleids mit Armen und Kranken.

## Von der glühenden Liebe der heiligen Frau Elisabeth zu den Seelen der Kranken. Und von der Wohltat, die sie einer schwangeren Frau erwies

Als nun der gerechte Mann Meister Konrad sah, daß St. Elisabeth in ihrer glühenden Nächstenliebe sich selbst nicht schonte und alles Irdische als Unrat verachtete, und weil der Meister befürchtete, die edle Zartheit ihrer Natur könnte durch Aussatz und andere Krankheiten Schaden erleiden, untersagte er ihr die Pflege jener Leute, denn sie berührte und küßte die Siechen und widmete sich den übelriechenden, verunstalteten armen Menschen mit Hingabe. Für diese empfand sie dank der Gnade des heiligen Geistes eine wundersame, zu allen Zeiten bisher unerhörte Liebe und vollbrachte an ihnen unbegreifliche Werke, indem sie sie behandelte, trug und für sie sorgte. Allzeit bewahrte sie das Wort Christi in ihrem Herzen: Was ihr dem Geringsten in meinem Namen tut, das habt ihr mir getan. Sie sprach: »Herr, ich kann dir nicht genug dafür danken, daß du mich würdigst, deinen lieben Freund bei mir im Hause zu haben.« Meister Konrad untersagte ihr ferner, Almosen zu geben, welche die Dienerin Gottes verteilte, weil sie auf ihre Nahrung verzichtete. Er erachtete es für unbillig, daß eine solche Frau ihrem eigenen Körper so viel entzog und andere Leute damit stärkte, während sie selbst von Kräften kam. Doch beseelt von dem heiligen Geist befolgte sie des Meisters Rat.

Die ergebene Dienerin Gottes half im Spital die Siechen zu baden. Sie richtete ihnen ihr Bett her, trug sie, legte sie nieder,

Von Meister Konrad mußte Elisabeth
oft Schläge erdulden

bedeckte sie und sprach dann zu ihren Mägden: »Wie wohl ist uns, daß wir unseren Herrn Jesus Christus so baden und zudecken dürfen.« Einmal antwortete eine der Jungfrauen: »Ja, Herrin, dir ist dabei wohl zumute. Ich weiß aber nicht, ob es auch die anderen als eine solche Wohltat empfinden.«

O was für eine wundersame Begebenheit! Man muß sie gebührend beachten. Keine Überlieferung berichtet von einem Heiligen, der solch unreinen kranken Menschen derart fleißig und liebevoll gedient und auf diese Weise mit unverdrossenem Sinn alle Werke der Barmherzigkeit bis zu seinem Tode vollbracht hat. Verdientermaßen wird sie deshalb vor dem Vater der Barmherzigkeit mit dem Geschenk einer besonderen Ehre erstrahlen. Denn die Barmherzigkeit Gottes steht über allen seinen Werken.

Die Dienerin Gottes sorgte sich nicht allein um die körperliche Verfassung der Kranken. Sie war vielmehr bemüht, den Menschen auch durch geistliche Unterweisung zu nützen. Freundlich ermahnte sie die Leute, mit der Taufe ihrer Kinder nicht zu säumen. Die Kranken belehrte sie nach Kräften durch Worte und Werke, damit sie die heiligen Sakramente empfingen. Einmal ermahnte sie eine mittellose Frau, zur Beichte zu gehen. Doch das fruchtete nichts. Schläfrig und träge blieb die Arme liegen. Da schlug die Freundin der Seelen mit einer Rute wacker auf sie ein, weckte sie auf und trieb sie auf diese Weise zur Beichte. Solche und andere Werke der Wohltätigkeit und Barmherzigkeit vollbrachte sie ständig. Dem Herrscher im Himmel war sie darum wohlgefällig; bei den Verehrern alles Irdischen hingegen erregte sie Mißfallen. Darum wohnt sie nun unter den Heiligen und leuchtet wie die Sonne.

Einmal beherbergte St. Elisabeth eine arme schwangere Frau. Sie behielt sie bei sich und gewährte ihr alle Bequemlichkeit. Als das Kindchen geboren war und getauft wurde, ließ sie ihm den Namen Elisabeth geben. Alle Tage besuchte sie die Mutter, segnete sie und beköstigte sie eine Zeitlang mildtätig. Ferner empfing die Frau von der gottgefälligen Frau Elisabeth einen Mantel, Schuhe, die sie von ihren heiligen Füßen zog, einen Schleier, zwölf Pfennige und dazu

Nahrungsmittel. Abends dankte sie ihrer Wohltäterin. Doch am nächsten Morgen verließ sie das Kind und lief mit einem Mann davon. Am selben Tag sprach St. Elisabeth zu ihrer Dienerin: »Bring die Kräuter, die ich hier habe, der armen Frau; sie soll sich damit stärken.« Jene kam dorthin und fand das Kind allein, von der Mutter verlassen. Als das die hochherzige Elisabeth erfuhr, sagte sie: »Lauf rasch und bring das Kind her, damit es keinen Schaden nimmt!« Dann betraute sie eine Frau mit der Sorge für das Kind. Dem Richter der Stadt gebot sie, nach der Mutter überall suchen zu lassen. Als man sie nicht finden konnte, sprach eine Dienerin zu ihr: »Herrin, bitte Gott, daß er uns auf die Spur der Kindesmutter bringt.« Die Jungfrau fürchtete nämlich den Zorn Meister Konrads. Die fromme Elisabeth erwiderte: »Ich kann nur darum bitten, daß Gottes Wille sich erfüllt.« Und siehe da, kurze Zeit später erschien der Mann, warf sich vor der Frau Elisabeth nieder und bat um Gnade. Die Frau kam gleichfalls und flehte für ihre Undankbarkeit und ihre Sünde um Vergebung. Auch bekannten beide öffentlich, daß sie sich außerstande sahen weiterzuziehen, sondern wie unter einem Zwang stehend zurückkehren mußten. Der undankbaren Frau nahm sie den Mantel, den sie ihr geschenkt hatte, und reichte ihn einem jungen Mädchen; dieses versprach sogleich, durch eine keusche Lebensführung Gott zu dienen. Die Schuhe gab sie einer armen Witwe. Dennoch erbarmte sich die heilige Elisabeth der Mutter und ließ ihr andere Schuhe geben. Darauf nahm die Frau ihr Kind und ging von dannen.

Du sollst nun sehen und erkennen, daß die Gnade höher steht als die Natur. Diese reich begnadete Frau nimmt um Gottes willen fremde Kinder zu sich, schickt ihre eigenen Kinder fort und denkt nicht an sie. Sie hatte ein Kind von anderthalb Jahren, das sandte sie weit von sich weg, um ihm nicht ihre gar zu große Liebe zuzuwenden und sich nicht an geistlichen Übungen hindern zu lassen.

## Von der wundersamen Kraft ihres Gebets. Von der tiefen Verehrung, die St. Elisabeth den Reliquien der Heiligen entgegenbrachte

Nachdem wir berichtet haben, wie sich Elisabeth gleich der mühebeladenen, sorgenden und barmherzigen Martha bei der Unterstützung der Armen und Kranken bewährt hat, wollen wir nun auch niederschreiben, wie Gott sie mit geistlichen Gnaden und göttlichen Gaben salbte. Weil einem geruhsamen und beschaulichen Dasein ein gerechtes, tätiges Leben vorausgehen muß, befleißigte sich diese selige Beschauerin eines demütigen und liebevollen Wirkens im Geist der Barmherzigkeit. Wenn sie davon abließ, betete sie stets voller Andacht. Die Kraft ihres Gebets war so stark, daß man sie nicht allein seelisch, sondern auch leiblich empfinden konnte. Einmal suchte eine edle Frau, Gertrud von Leinbach, sie auf, und zwar zusammen mit einem Jüngling namens Berthold; dieser trug weltliche Kleidung. Zu ihm sprach St. Elisabeth: »Du scheinst mir dein Leben ohne Überlegung zu führen. Weshalb dienst du nicht deinem Schöpfer?« »Oh Herrin«, erwiderte der junge Mann, »ich wünschte, ihr würdet Gott für mich bitten, daß mir unser Herr die Gnade gewährt, ihm zu dienen.« Darauf fragte St. Elisabeth: »Möchtest du, daß ich für dich bitte?« »Ja«, gab er zur Antwort. Sie sagte: »Du mußt dich aber auf die Gnade vorbereiten und auch beten; dann will ich gern für dich bitten.« Sogleich ließ sie sich in der Kirche von Werde, wo sie damals weilte, auf die Knie nieder und begann für den Jüngling zu beten; er selbst war in einiger Entfernung zugegen und betete ebenfalls. Als sie beide einige Zeit gebetet hatten, rief der Jüngling mit lauter Stimme: »O Herrin, hört zu beten auf!« Doch sie betete noch leidenschaftlicher. Da rief er abermals mit noch lauterer Stimme: »O meine Herrin, hört auf, mir schwinden die Sinne!« Er war am ganzen Körper stark erhitzt und schleuderte wie von Sinnen seine Arme hin und her. Da eilten die Jungfrauen der Dame Elisabeth hinzu, hoben ihn auf und fanden ihn fieberheiß und seine Kleider vom Schweiße durchnäßt. Schließlich sprach er: »Im Namen unseres Herrn bitte ich euch, hört auf zu beten, ich verbrenne gleich.« Die ihn hielten, vermochten die Hitze an ihren Händen kaum zu ertragen. Sobald sie ihr Gebet beendet hatte, kühlte sein Körper wieder ab.

Dieses Wunder geschah ein Jahr vor St. Elisabeths Tod. Der Jüngling aber wurde von Gott berufen, denn er trat in den Franziskanerorden ein. Ähnliches erlebten auch andere Leute, für die sie betete.

Vernehmt nun, wie sie glühte in der Liebe zu Gott! Als sie sie erlangt hatte, versiegte der Fluß der weltlichen Begierden, und in ihr entbrannte die Sehnsucht nach der ewigen Seligkeit. Dem Gottesdienst und seinem Mysterium wohnte Gottes Dienerin St. Elisabeth mit tiefer Verehrung und andächtigem Herzen bei. Die Feste der Heiligen beging sie mit inniger Frömmigkeit; sie küßte die Reliquien der Heiligen, verehrte sie auf würdige Weise und voll Hingabe, und ihnen zu Ehren entzündete sie Kerzen und ließ Weihrauch abbrennen. Die Pfennige, die sie zu Gottes und der Heiligen Ehre am Altar spendete, verdiente sie sich mit ihrer Hände Arbeit. Stets trug sie Gott in ihrem Sinn.

Als sie einmal zu Ordensleuten kam, die das Gelübde der Armut abgelegt hatten und Priester waren, erblickte sie in einer Kirche über und über vergoldete Standbilder. »Dieses Geld«, sprach sie zu den Anwesenden gewandt, »hättet ihr nützlicher anlegen können, denn die Urbilder dieser Skulpturen solltet ihr vor allem eingeprägt in euren Herzen tragen.« Die Abbildungen hatten Legenden von Heiligen zu Vorlagen, nach ihnen waren sie geschaffen.

## Von der Kontemplation, der sich die gottbegnadete Elisabeth zum Lobe Gottes ständig hingab. Und wie sie ihren Tod vorhersagte

Wenn die ergebene Gottesdienerin St. Elisabeth ihr Wirken im Dienste der Nächstenliebe und Barmherzigkeit einmal unterbrach, begab sie sich immer zu ihrem andächtigen Gebet und zur Kontemplation. Sobald sie allein war, erhob sie Augen, Hände und Herz zu Gott, unserem Herrn, empor und vergoß Ströme von Tränen. Doch niemals entstellten oder röteten die Tränen ihr Gesicht, wie dies bei anderen Leuten zu geschehen pflegt. Obgleich die Tropfen der Tränen wie aus einem Brunnen strömten, blieb ihr Antlitz doch in gleicher Weise schön und heiter. Auch in Trübsal blieb sie froh und zuversichtlich, so daß man niemals bemerken konnte, wenn sie leidend oder betrübt war. An der gottseligen Elisabeth erstrahlte ihr liebenswürdiger Umgang mit denen, die sie umgaben; an ihr erstrahlten auch das Wirken in Demut und ein schäbiges Gewand, frommes Verlangen, lautere Gedanken, ein reines Herz, ein gutes Gewissen, ein aufrichtiger Sinn, der wahre Glaube und ein unerschütterliches Vertrauen, die vollkommene Liebe, ein unverfälschtes Leben sowie beständige Glaubensinbrunst und Kontemplation. Wundere dich darüber nicht, denn es war allen Leuten bekannt.

Auch ergriff fromme Verzückung ihren Geist. Dies geschah nicht selten, noch währte es bloß kurze Zeit; es hielt vielmehr lange und stark an. In dem göttlichen Licht fand sie Trost, und sie erkannte, welche Vollkommenheit von ihm ausstrahlte. Denn von daher fließt der menschlichen Schwachheit die Kraft zu, durch die sie in Weisheit, Stärke, Zucht und Gerechtigkeit leben kann. Dabei hatte sie Visionen von Engeln; auch wurde sie Tag und Nacht vieler göttlichen Offenbarungen gewürdigt, und darüber sprach sie mit keiner Menschenseele. Unser Herr Jesus Christus erschien ihr mit einer großen Schar von Heiligen und schenkte ihr freundlich Trost und Stärke. Wenn sie ihre Kontemplation beendet hatte und aus ihrem Gemach trat, konnte man sehen, wie ihr Gesicht in einem hellen Licht erstrahlte und ihre Augen gleich der Sonne glänzten; und in blendender Helle leuchtete ihr Antlitz, wenn der Herr auf sie geschaut hatte. Einige Leute, die der Gnade teilhaftig wurden, dies zu sehen, wunderten sich darüber sehr.

Wenn sie, wie oben berichtet, mehrere Stunden hindurch so im Geist erhoben war, nahm sie lange Zeit danach keine irdische Kost zu sich, denn sie wurde mit einer unsichtbaren Nahrung der Seele gespeist.

Oft auch stellte sie bei sich Betrachtungen über die Auferstehung unseres Herrn an und freute sich, daß unser Herr sein Blut nicht mehr vergießen mußte. Öfter wünschte sie, ihr Blut für Gott hinzugeben, und bat: »Herr, laß mich für dich allein gerüstet sein und schenke mir in allem Leiden und in aller Mühsal Geduld und Kraft.«

Noch vieles andere möchten und sollten wir von dieser auserwählten Frau St. Elisabeth mitteilen. Doch bei allen Berichten steht zu befürchten, daß ihre Ausführlichkeit nur Ermüdung verursacht. Zudem kann man den Adel ihrer Geburt, die Liebenswürdigkeit im persönlichen Umgang, die Frömmigkeit ihrer Lebensweise, ihre Weltverachtung, ihre Duldung, ihre Leidensfähigkeit, ihre Hochherzigkeit, ihre Almosen, ihre Wunderwerke und ihre Tugend gar nicht erschöpfend darstellen. Dennoch haben wir dies in aller Kürze zum Nutzen der Christenheit aufgezeichnet, damit in St. Elisabeth unser Herr Jesus Christus gelobt werde. Er sei gepriesen von Ewigkeit zu Ewigkeit. Amen.

Als die fromme Elisabeth aus der Armseligkeit dieser Welt sich zur ewigen Ehre begeben sollte, erschien ihr unser Herr Jesus Christus und rief sie mit freundlichen Worten: »Komm nun, liebe, auserwählte Freundin, zu denen, die dir gleich sind, in jene Wohnung, die dir von Ewigkeit her bereitet ist. Mein Vater will dich hoch in Ehren auf den Thron der Seligkeit setzen, den er selbst für dich bestimmt hat.« Der Diener Gottes, der Priester Meister Konrad von Marburg war damals krank und hatte schwer zu leiden. Deshalb ging Gottes Dienerin St. Elisabeth, um ihn zu trösten. Als sie sich miteinander unterhielten, fragte sie der kranke Priester: »Meine Dame und Tochter, wie wirst du nach meinem Tode dein Leben gestalten?« »Ihr sterbt jetzt nicht«, antwortete ihm die Gottesdienerin. »Nach meinem Tode werdet ihr noch gegen die Ketzer predigen und euer Blut vergießen.«

Meister Albertus spricht: Er glich einer reinen Magd und war ein milder Lehrer und ein großer Märtyrer. Sie prophezeite ihm, daß sie selbst bald sterben würde; das wüßte sie, da es ihr der Herr offenbart hätte. Und seht, vier Tage später wurde die Dienerin Gottes von einer fieberhaften Krankheit befallen, durch welche sie aus diesem in das ewige Leben gerufen wurde.

## Von der letzten Krankheit der gottseligen Elisabeth. Und von dem Zeichen ihrer großen und herzinnigen Andacht

Als die Gottesdienerin zwölf Tage lang krank daniedergelegen hatte, saß eines Tages eine ihrer Mägde neben ihr und hörte, wie aus der Kehle der heiligen Elisabeth lieblicher Gesang ertönte. Nach einer Weile wandte sie sich der Magd zu, und diese sagte zu ihr: »Meine Herrin, wie süß du gesungen hast!« »Hast du es gehört?« fragte St. Elisabeth, und jene antwortete: »Ja«. Da sprach St. Elisabeth: »Ich sage dir, zwischen mir und der Wand sang lustig ein Vöglein, und die liebliche Melodie bewog mich, ebenfalls zu singen, denn sein Lied gefiel mir.« Am dritten Tag vor ihrem Tode schickte sie alle weltlichen Personen von sich fort und wollte auch die von Adel, die nach ihr zu sehen und ihr Mut zuzusprechen pflegten, nicht zu sich lassen. Das geschähe deswegen, erklärte sie, weil sie über das strenge Gericht und ihren allmächtigen Richter meditieren wollte. Nach dem achten, dem Martinstag, beichtete sie dem erwähnten Priester; doch ihr reiner Sinn und ihr unschuldiges Gewissen vermochten nichts zu entdecken, wovon sie sich nicht bereits durch tiefe Reue geläutert hätte. O was für ein seliges Gewissen, das seine Buße nicht auf die letzte Stunde aufgeschoben hat! Nachdem die fromme Frau St. Elisabeth ihre Beichte beendet hatte, fragte sie der Priester, was mit ihrer Habe geschehen sollte. »Alles, was ich jemals besessen habe, ist für arme Leute bestimmt«, gab sie zur Antwort und legte fest, daß man allen Nachlaß um Gotteslohn verteilte, ausgenommen lediglich ein schäbiger Rock, in dem man sie begraben sollte. Ein Testament setzte sie nicht auf. Zum Erben wollte sie allein Christus haben. Sie hielt auch nichts

Aus ihrer Kehle vernahm man einen süßen Klang

von einem prunkvollen Leichenzug für sich noch von einer feierlichen Bestattung. Vielmehr strebte sie einzig nach dem Bund des Friedens, einem unvergänglichen Erbe, dem Gewand der Unsterblichkeit, der Gemeinschaft der Engel und dem ewigen Leben. Nachdem sie mit dem Meister darüber gesprochen hatte, ließ sie sich zur Zeit der Prim das heilige Sakrament des Leibes unseres Herrn Jesus Christus bringen, das sie von ganzem Herzen begehrte. Mit welch großer Hingabe, mit welch reinen Gedanken, welch herzinnigem Verlangen und mit welch tiefer religiöser Freude sie die ewig süße Speise empfing, kann niemand vollständig ermessen, außer ihm, den sie durch das Mahl zum Führer und Geleiter auf jenem Wege nahm, den sie nun gehen sollte.

Doch an den äußeren Zeichen kann man die innere Begnadung erkennen.

Den folgenden Tag führte sie das Wort der Wahrheit im Munde, von dem sie in der Predigt gehört hatte. So strömten fromme Worte aus ihrem Herzen, und aus ihrem Mund vernahm man die Gebote der Nächstenliebe. Den ganzen Tag lang verharrte sie bis zur Vesper in tiefer Andacht, denn sie hatte teilgehabt an dem himmlischen Mahl und getrunken von dem klaren Wein, der Christus selbst ist. Sie dachte daran, wie unser Herr die frommen Schwestern Maria und Martha von ihrem Leid erlöste, als er ihren Bruder Lazarus vom Tod wieder zum Leben erweckte, und daran, wie unser Herr mit ihnen um den Toten weinte. So gedachte sie der Güte unseres Herrn.

Als die Anwesenden die Worte der Gnade vernahmen, weinten sie sehr. Zu ihnen sprach Elisabeth, die Dienerin Gottes, jene Worte, die unser Herr sprach, als er in den Tod ging: »Ihr Töchter Jerusalems, weint nicht über mich, sondern weint über euch!« Darauf schwieg sie. Nun geschah etwas Wunderbares: Aus ihrer Kehle vernahm man einen süßen Klang, obgleich sie die Lippen nicht bewegte. Als die Anwesenden wissen wollten, was dies zu bedeuten hätte, fragte St. Elisabeth: »Habt ihr nicht einige mit mir singen hören?« Hier soll kein Christenmensch daran zweifeln, daß eine große Schar Engel zugegen war, die ihr mit lieblichem Gesang die

Süßigkeit der ewigen Freude ankündigten, welche sie sehr bald erfahren sollte. Mit diesen hatte sie auch zu Lobpreis und Ehren unseres Herrn gesungen.

## Von dem Auszug ihrer frommen Seele. Und von der Verehrung des geheiligten Leichnams

Seit dem Abend lag sie froh, mit tiefer Andacht, bis der Hahn krähte. Wie diese Zeit nahte, sprach St. Elisabeth als ein Mensch, der sich seiner sicher ist, zu denen, die um sie herum saßen: »Was würden wir tun, wenn sich uns der Feind des Menschengeschlechts zeigte?« und rief sogleich mit lauter Stimme: »Fluch, Fluch«, gerade so, als ob sie den Feind von sich vertreiben wollte. Als St. Elisabeth den ersten Hahnenschrei vernahm, sprach sie: »Seht, jetzt ist die Stunde gekommen, in der eine Jungfrau gebar. Laßt uns nun von Gott und dem Jesuskind sprechen. Es ist Mitternacht, die Zeit, zu der Jesus geboren und in eine Krippe gelegt wurde und in seiner Allmacht einen Stern schuf, wie man ihn nie zuvor erblickt hatte.« Nach diesen Worten erfaßte sie eine Heiterkeit, als ob sie gar nicht krank wäre. Sie sprach: »Ich bin krank, verspüre aber keine Schmerzen.« Darauf befahl sie alle, die bei ihr waren, mit tiefer Innigkeit Gott.

Ihre Gedanken, wie schon gesagt, waren so die ganze Nacht und den ganzen Tag hindurch sehnsuchtsvoll zu Gott erhoben, und sie redete fortwährend von Gott. Frohen Herzens gab sie sich schließlich der Ruhe hin. Die Königin der Himmel, die verehrte Muttergottes, erschien ihr an ihrem Ende, und die gesegnete Frucht ihres Leibes lag an ihrer Brust. St. Elisabeth sprach: »O Maria, komm mir nun zu Hilfe und sei meine Geleiterin.« Wie im Schlaf neigte sie dann ihren Kopf und gab ihre fromme Seele in die Hände ihres geliebten Herrn. Nun war sie vom Schmerz des Todes erlöst. Die Scharen der Engel und der Heiligen kamen ihr entgegen, und mit ihnen vereint flog sie empor in das Reich des Himmels. Zugleich verbreitete sich ein lieblicher, süßer Duft, und alle, die sie umstanden, wurden davon gestärkt und mit besonderer Gnade beglückt.

Sie starb im fünfundzwanzigsten Lebensjahr. Ihre Dienerinnen und andere fromme Frauen bekleideten den geheiligten Leichnam nach ihrem Wunsch mit einem Rock. Hierauf trugen Ordensleute, Kleriker und Laien sie mit Gesang, Gebet und unter vielen Tränen in eine Kapelle. Als sich die Nachricht vom Tod der gottseligen Elisabeth verbreitete, kamen aus vielen Gegenden Mönche des heiligen Bernhard, andere Ordensleute, Geistliche und eine zahlreiche Volksmenge, Reiche und Arme, voll Ergriffenheit und in Verehrung zu einem solchen heiligen Leichenbegängnis herbei. Viele fromme Menschen nahmen sich etwas von dem geheiligten Leichnam Elisabeths, einige das Haar, andere Finger und Fingernägel, Ohrläppchen, manche ein Stück von ihrem Gewand, und behielten alles als Reliquien. Die Armen, insbesondere die Kranken, erfaßte tiefes Leid, und sie weinten, als ob ihrer aller Mutter gestorben wäre.

O welch hohen Ruhm und welch große Ehre hat die allerseligste Elisabeth erreicht! Sie wurde fürwahr so weit erhöht, wie sie sich hier allezeit erniedrigt hat. Auch ehrte ihr geliebter Herr Jesus ihren seligen Tod mit vielen ehrenden Wunderzeichen. Als man ihren verehrungswürdigen Leichnam in die Kirche trug, bedeckte eine unzählige Schar der hübschesten Vöglein das Kirchendach; sie sangen mit so süßen und niemals noch gehörten Stimmen, daß alle, die sie vernahmen, schauten und sich sehr verwunderten und sie alle einhellig riefen, die Vöglein wären zweifellos die heiligen Engel; Gott der Herr hätte sie zu ihrer Ehre nicht allein ihrer frommen Seele, sondern auch ihrem geheiligten Leichnam entgegengesandt. Daran gibt es auch ganz und gar keinen Zweifel. In den Lüften erklang in ergreifender Melodie und in lieblichem Gesang das Responsorium Regnum Mundi: ›Ich hab' verschmäht das Reich der Welt und alle ihre Zierde‹, wie es der Chor der Mädchen zu singen pflegt. Auf Bitten des Volkes ließ man St. Elisabeths geheiligten Leichnam noch bis zum vierten Tag auf der Erde stehen, inmitten einer großen Masse von Menschen, die zu Gottes Lob sangen und

St. Elisabeths Bestattung

beteten. Denn der Leichnam war nicht furchterregend, sondern verehrungswürdig, war nicht abscheulich, sondern lieblich anzusehen, weil er außer der Blässe kein Anzeichen des Todes aufwies und zudem weil dem geheiligten Leichnam niemals der abscheuliche Geruch der Sünden anhaftete, noch anhaften wird. Er ist vielmehr und wird bleiben eine Schatzkammer göttlicher Gnade und ein Salbfläschchen der Tugend. Deshalb ging von ihm kein übler Geruch aus, sondern ein wunderbar süßer, lieblicher Duft wie von edlen, kostbaren Gewürzen, so daß in seiner Nähe ein jeder am Leib und im Geist davon belebt wurde. Mit diesem herrlichen Duft hat ohne Zweifel ihr allerliebster Gemahl, der Herr Jesus Christus seine sittsame Braut auf übernatürliche Weise versehen, um uns zu zeigen, in welcher makellosen Reinheit und Keuschheit sie ihren Leib durch die Kraft ihres Geistes bewahrt hat. Wen würde es daher nicht in die Nähe eines so lieblich duftenden Leichnams ziehen? Und wen würde es nicht nach dem Anblick eines unbeseelten Körpers von solcher Reinheit gelüsten?

## Von der leidvollen Beisetzung des geheiligten Leichnams der gottseligen Elisabeth

Als man am vierten Tage die Heilige Messe in frommer Andacht gefeiert hatte, trug man den lauteren Balsam in seinem Gefäß zu Grabe und legte den kostbaren Edelstein unter einen schlichten Stein. Dies geschah unter vielen Tränen, Seufzen und Klagen. Den Sündern wurde Reue gegeben, den Redlichen Andacht. Gemeinsam lobten sie Gott und dankten ihm mit Gebet und Verehrung.

Diese Ereignisse geschahen im Lande Hessen, bei der Stadt Marburg, in der Kapelle eines Spitals, das die edle Königstochter und Dienerin Christi St. Elisabeth auf eigene Kosten hatte errichten lassen. Zugegen waren viele Äbte und Geistliche und eine große Volksmenge; sie waren nach Gottes Willen und Ordnung dort zusammengekommen und gestalteten das Leichenbegängnis in allen Ehren und in tiefer christlicher Frömmigkeit.

So hat es sich zugetragen im Jahre 1231 nach Gottes Geburt, im Monat November, am 4. Tag, nachdem die heilige Frau Elisabeth aus diesem jammervollen Dasein zur seligen Ruhe des ewigen Lebens gelangt war. Dazu verhelfe uns, um ihres Gebetes willen, Gottes Sohn, unser Herr Jesus Christus. Er sei gelobt in Ewigkeit. Amen.

## Dies sind einige Wunder und Zeichen, die Gott durch seine ergebene Dienerin, die fromme Elisabeth, bewirkt hat

Am Tage nach St. Elisabeths Bestattung ging ein Mönch vom Orden des heiligen Bernhard aus Cîteaux zu ihrem Grab und rief die gottgefällige Frau St. Elisabeth in tiefem Glauben an. Er wurde von zwei schweren Leiden erlöst, an denen er über vierzig Jahre lang gelitten hatte. Dies erklärte er und bekräftigte es mit seinem Eid.

Zu dem Grab begab sich weiterhin ein Edelmann und hoher Prälat, der mit einer drückenden Sündenlast beladen war und ein sündhaftes Leben führte. Die Verdorbenheit und Verwerflichkeit seiner Untugend versetzte ihn in Furcht, er ging in sich, und kam ständig zur Beichte. Nachdem er Absolution erhalten hatte, verfiel er aber durch die Anfechtung erneut dem Laster. So befand er sich in der Verworfenheit der Sünde. Als er an das Grab St. Elisabeths, jener Liebhaberin der Sittenreinheit, trat, vergoß er aufrichtigen Sinnes Tränen, betete in tiefer, herzlicher Reue und ließ davon solange nicht ab, bis der Höchste seines Gebetes inneward. Auf Bitten der gottseligen St. Elisabeth erhörte Gott sogleich den zerknirschten, bedauernswerten Menschen. Er erfüllte sein Verlangen und ließ ihm geistlichen Trost und Gnade zuteil werden. So konnte jener später den Sünden entschlossen widerstehen. Danach berichtete ebendieser Mann dem verehrungswürdigen Priester Meister Konrad von Marburg in der Beichte unter Eid, daß nach der Tröstung die Glut der Anfechtung und Peinigung des Fleisches von ihm gewichen war, daß sie ihn danach nicht mehr befallen hat und er, falls sie ihn wieder heimsuchen sollte, leicht zu widerstehen vermöchte.

Ein Priester aus dem Zisterzienserorden litt seit sieben Jahren an einem Fieber, das ihn nur verließ, während er die Messe las. Er kam ebenfalls zu ihrem Grab und rief sie aus tiefer Besorgnis an. Daraufhin erwirkte sie für ihn Gesundheit an Seele und Leib.

In Köln hatte ein Prälat eine Jungfrau entehrt. Sie rief Gott an: »Ich hatte mir ein Leben in Keuschheit auserwählt. Dir, Herr, und deiner Mutter Maria klage ich es nun, daß ich sie verloren habe.« Sogleich kam Gottes Strafe über den Prälaten, und das wilde Feuer brannte ihn gar heftig. Darüber erfaßte ihn Trübsal. Als er eingeschlafen war, sprach eine Stimme zu ihm: »Geh nach Marburg zu St. Elisabeth; sie ist Gottes auserwählte Freundin. Ruf sie an, und du wirst aus all deiner Not erlöst werden.« Da sprach er sogleich: »Heilige Elisabeth, Herrin, ich gelobe Dir hinfort Keuschheit. Ihr will ich mein Leben weihen. Steh mir bei, damit ich gesund werde«, und er bereute aufrichtig seine Sünde. Er ritt zu dem Grab und opferte für sich und das Mädchen, dem er seine Ehre genommen hatte, im Spital der heiligen Elisabeth. Da gesundete er sogleich an Seele und Leib. Er wurde ein gottgefälliger Priester und las täglich an einem der Altäre des Spitals die Messe.

Da war eine Frau, deren Mann in Köln zum Tode verurteilt worden war. Als sie die Nachricht davon erhielt, erfaßte sie tiefer Schmerz, und sie weinte bitterlich. Ein barmherziger Bruder suchte sie auf und sprach: »Geh zum Grab der heiligen Elisabeth und ruf sie aufrichtigen Herzens an. Sie kann Dir wohl helfen, denn Gott versagt ihr nichts.« Daraufhin begab sich die Frau an das Grab. Sie rief inbrünstig zu ihr und erbat ihren Beistand, um den Mann wiederzubekommen. Darauf kehrte sie nach Hause zurück. Inzwischen war ihr Mann gehängt worden, und zwar vor sieben Tagen. Ein reicher Herr aus Köln pflegte des öfteren über das Feld spazierenzureiten, und es fügte sich, daß er am Galgen vorüberkam. Da sprach der Mann, der dort hing: »Lieber Freund, teile dem Bischof und den Geistlichen mit, sie sollen bald in einer Prozession kommen und die Landgräfin St. Elisabeth empfangen, die unter meinen Füßen steht.« Als der Bürger dies gehört und gesehen hatte, berichtete er es dem Bischof. Dieser begab sich mit einer zahlreichen Volksmenge und der Geistlichkeit dorthin. Alle erblickten sie die heilige Elisabeth und sahen, daß sie wie die Sonne leuchtete. Da nahmen sie den Mann vom Galgen ab und brachten ihn in den Dom zum Hochaltar. Dort empfing er das Sakrament vom Leib unseres Herrn und verstarb. Seine Seele führten die heiligen Engel zu den ewigen Freuden. Der Leichnam verschwand vor aller Augen, und man fand ihn auf St. Elisabeths Grab wieder.

Dieses Wunder sahen viele Menschen.

In England lebte eine Frau einundzwanzig Jahre mit ihrem Mann zusammen, und sie bekamen kein Kind. Als ihr nun der Mann gestorben war, kleidete sie sich demütig in ein graues Gewand, schnitt ihr Haar ab und nahm zwölf arme Menschen gleichsam an Kindes Statt zu sich. Sie schenkte ihnen Kleider, speiste sie und nahm sie in ihrem Haus auf; auch wusch sie ihnen die Hände und Füße. Wenn sie einem armen Menschen begegnete, schenkte sie ihm ein Almosen um Gottes und um St. Elisabeths willen, denn diese hatte sie vor allen Heiligen lieb; sie trug sie stets in ihrem Herzen und gedachte innig ihres gottgefälligen Lebens. Nun starb die Frau nach Gottes Ratschluß, und man klagte bitter um sie. Da riet ihr Beichtvater, sie an das Grab der heiligen Elisabeth zu bringen, und fügte hinzu: »Ihr hat sie sich geweiht.« Freunde brachten die Verstorbene dorthin. Angelangt, riefen sie aus tiefstem Herzen zu der barmherzigen Mutter St. Elisabeth. Dank ihrer treuen Fürbitte wurde die Frau sofort wieder lebendig. »Wohl mir!« sprach sie, »denn ich habe an St. Elisabeths Brust geruht.« Als ihre Freunde sie hierauf wieder nach Hause bringen wollten, lehnte sie es jedoch ab. Ihr war nämlich verkündet worden, daß sie fortan in Altenberg bleiben sollte. Dort lebte sie hernach selig fünfzehn Jahre und schwieg die ganze Zeit über. Nur einmal, als sie beichten sollte und ihr Beichtiger nach dem Grund ihres Schweigens forschte, sprach sie: »Als ich an der Brust der heiligen Elisabeth ruhte, erfaßte mich

Die Frau rief inbrünstig zur heiligen Elisabeth
und erbat ihren Beistand

ein so wunderbares Gefühl von Lust und Wonne. Ich möchte darüber nachsinnen, wie ich es wiedergewinnen und auch die ewige Freude erlangen kann.«

Als ihre Freunde wieder heim nach England zogen, begegnete ihnen unterwegs ein blinder Mann, den sie fragten, woher er käme. »Ich komme von einer Else«, antwortete er spöttisch, »von der man mir berichtet hatte, daß sie heilig ist. An sie kann ich aber nicht glauben. Ich bin nämlich an ihrem Grab gewesen, und das bedauere ich zutiefst, denn mir geht es jetzt schlechter als zuvor.« Da erzählten sie ihm von der Frau, die sieben Wochen lang im Tode gelegen hatte, und sprachen: »Geh noch einmal an ihr Grab, dann wird sie dir helfen, gesund zu werden.« »Einmal hat sie mich zum besten gehalten«, entgegnete er, »das soll sie nicht wieder tun.« Darauf kam er zu Meister Konrad und berichtete ihm gleichfalls, was ihm widerfahren war. »Begib dich erneut zu ihrem Grab«, antwortete dieser, »dann wird dir gewährt werden, wonach du verlangst.« Der Blinde fragte: »Wie heißt ihr? Wenn auch ihr mich betrügt, möchte ich euch namhaft machen können.« Er erwiderte: »Geh zu meinem lieben Kind, der heiligen Elisabeth, und bitte sie herzlich um ihren Beistand, damit du sehend wirst. Sage auch, Meister Konrad habe dich hingesandt.« Da kniete der blinde Mann vor ihm nieder und sprach: »Herr, bete für mich Bemitleidenswerten, daß ich Erfolg habe; dann will ich St. Elisabeth dienen, solange ich lebe.« Er lief an ihr Grab und betete: »Gottselige Frau St. Elisabeth, hilf mir, daß ich sehend werde, um deines lieben Beichtigers, Meister Konrads willen, der mich hierher gesandt hat.« So lag er in tiefer Andacht auf ihrem Grab und entschlief sanft. Als er erwachte, war er ganz und gar sehend geworden, und daraus erwuchs ihm große Freude und starke Kraft. »Du gottselige Frau, St. Elisabeth«, sprach er, »zeit meines Lebens will ich bei dir bleiben«, und er wurde ein frommer Mensch.

Eine Edelfrau namens Sophie von Feldbach hatte einen Sohn, der zwölf Jahre an den Händen und Füßen litt und dessen Kopf wie bei einem Rind zur Erde gebogen war. Ihn brachte man zum Grab der heiligen Elisabeth, und die Mutter betete zu ihr, sie möchte bei

Gott erwirken, daß ihr Sohn gesund wird. Da erhörte die großherzige Mutter der Armen ihr Gebet, und der Sohn genas auf der Stelle. Darüber freuten sie sich, sie dankten Gott für seine Gnade und der gottseligen Frau St. Elisabeth.

Eine Jungfrau war zehn Jahre hindurch an Händen und Füßen gelähmt und außerstande, etwas zu tun; sie hatte zudem einen mächtigen Buckel und konnte nicht richtig sprechen. Auch sie wandte sich hingebungsvoll an St. Elisabeth und wurde sofort gesund. Sie dankte Gott und ihrer getreuen Fürbitterin.

Ein Kind war lahm, die Knie wuchsen ihm am Leib, und seinen Körper hatte die Fäule befallen. Als man es zur Grabstätte der heiligen Elisabeth gebracht hatte, wurde das Kind lebhaft und ganz gesund.

Einstmals führten Leute einen Stummen an ihr Grab und riefen sie voll Vertrauen an, sie möchte von Gott für ihn die Fähigkeit zu sprechen erwirken. Die barmherzige Elisabeth erhörte sie. Darüber waren alle voll Freude und dankten Gott und ihr.

Ein Mann trug seine kranke Tochter zu St. Elisabeths Grab und rief sie aus tiefster Seele um ihren Beistand an, damit seine Tochter gesund würde. Er wurde erhört.

Eine Frau hatte ihr Kleinkind neben sich gelegt und erdrückt. Darüber erfaßte sie tiefes Leid. Sie trug das Kind an das Grab der heiligen Elisabeth und bat sie voll Innigkeit, ihr beizustehen und das Kind wieder zum Leben zu erwecken. St. Elisabeth gewährte es ihr. Dafür dankte die Frau Gott und ihrer hochherzigen Helferin.

Ein Schüler, fünfzehn Jahre alt, war ertrunken. Man brachte ihn zum Grab der gottseligen St. Elisabeth und betete andächtig zu ihr, sie möchte Gott bitten, ihn wieder zum Leben zu erwecken. Sogleich wurde jener lebendig und war kerngesund. Dafür lobten sie mit herzlicher Freude Gott und St. Elisabeth.

Eine Frau namens Hagwied hatte einen Sohn im Alter von zwanzig Jahren, der an einer schrecklichen Seuche erkrankte und starb. Die Mutter war darüber zutiefst traurig und rief die fromme Elisabeth aus innerstem Herzen an. Dank dem Beistand der barmherzigen Elisabeth wurde der Sohn in der Nacht darauf wieder lebendig und ganz gesund. Dies sahen viele Menschen, und sie lobten Gott.

An einem Sonntag, als die Messe der gottseligen St. Elisabeth gesungen wurde, fiel ein Kind ins Wasser und ertrank. Gott schenkte um seiner lieben Dienerin willen dem Kind das Leben wieder und erhörte somit die Menschen, die sie darum angerufen hatten.

Ein Kind fiel in einen tiefen Brunnen und ertrank. Seine Angehörigen, von Leid erfüllt, trugen es zum Sarg der gottseligen Elisabeth und flehten mit großer Ergebenheit zu ihr. Da erwachte das Kind wieder zum Leben.

Ein blind geborenes Kind brachte man zum Grab der gottseligen Elisabeth und rief sie hingebungsvoll an, ihm zu helfen, damit es das Augenlicht erlangte. Daraufhin wurde das Kind sehend. Für dieses große Wunder priesen sie Gott und seine Dienerin St. Elisabeth.

Einem Manne hatten die Würmer jämmerlich das Gesicht zerfressen, und er litt furchtbar daran. Er kam ebenfalls zu ihrem Grab, nahm etwas Erde davon und legte sie an sein Gesicht. Durch die Kraft der geheiligten Erde wurde er gesund. Freude erfüllte ihn, er lobte Gott und seine Heilige.

Fünf Jahre lang war eine Frau an Armen und Beinen gelähmt. Sie genas gleichfalls, als sie die selige, großherzige Mutter St. Elisabeth anrief.

Eine Klosterfrau litt an der Wassersucht, und niemand konnte sie heilen. Auch sie wandte sich an St. Elisabeth und bat sie bei Gott und bei all der Herrlichkeit und Freude, die Gott ihr geschenkt hatte, sie möchte Gott um Gesundung für sie bitten. St. Elisabeth gewährte es ihr. Darum diente sie ihr hinfort voll Ergebenheit.

Ein Mann war so von Sinnen, daß man ihn binden mußte. Für ihn erwirkte sie gleichfalls bei Gott, daß er wieder zu Verstand kam.

Eine Frau hatte acht Jahre lang an der Fallsucht gelitten, ohne daß jemand ihr helfen konnte. Am Grabe St. Elisabeths fand auch sie Heilung.

Ein Mann mit Namen Rudolph war auf einem Auge blind, und

ein junges Mädchen war seit zwei Jahren ebenfalls auf einem Auge blind. Am Grab der heiligen Elisabeth wurden die beiden wieder sehend, als sie sie mit tiefer Frömmigkeit anriefen. Für diesen großen Gnadenerweis lobten sie Gott und die demütige St. Elisabeth, ihre getreue, hochherzige Helferin.

## Dieser Abschnitt handelt von anderen Leuten, die mit Sünden beladen waren

Für andere Sünder, die der Hoffart, dem Zorn, dem Haß, der Kargheit, dem Geiz oder welcher Sünde auch immer frönten, erlangte sie, wenn diese die Überwinderin der Sünden St. Elisabeth anriefen, Vergebung und die Läuterung von ihren Verfehlungen. Es sind dies die verehrungswürdigen, wundersamen Werke, dank derer nicht die Krankheiten des Körpers, sondern die verkommenen Sitten Heilung finden. Sie kurieren nicht den sterblichen Körper, sondern die ewig lebende Seele. Verschiedene Heilmittel sind nicht allein den Gläubigen, sondern auch den Ungläubigen gegeben. Über diese verfügte auch unsere himmlische Ärztin St. Elisabeth. Durch ihre Verdienste wird den Blinden das Augenlicht geschenkt, den Tauben das Hören, den Lahmen das Gehen, den Stummen die Sprache, den Gefangenen die Freiheit. Auch ließ Gott um ihres Gebetes und ihrer Verdienste willen Gichtige, Tobende, Fallsüchtige und Kranke, die von dem Bösen besessen waren, genesen. Gott schenkte weiterhin vielen Menschen, die in Scharen dorthin gelaufen kamen, Erlösung von mancherlei Krankheit. Darüber aber werden wir in einem anderen Kapitel ausführlich berichten. Wir sagen dies deswegen, weil ein jeder, der sie mit der gebührenden Demut anruft, Gehör finden wird; und wenn ein Mensch in tiefer Gläubigkeit und beständiger Andacht von ihr etwas erbittet, dann wird ihm die Tür der Gnade aufgeschlossen als eine Gabe unseres Herrn Jesu Christi, der da ist unser allmächtiger, gelobter Gott in Ewigkeit.

## Wie die Wunder dem Papst berichtet wurden. Und von der Überprüfung der Wunder, die Gott durch die selige Elisabeth gewirkt hat

Als der allmächtige Gott, um die Verdienste seiner auserwählten Dienerin St. Elisabeth zu offenbaren, an der Stätte ihrer Beisetzung die Zeichen vermehrte, wurden in der Kapelle zwei Altäre zu ihrem Preis gestiftet. Diese weihte der verehrungswürdige und edle Herr Erzbischof Siegfried von Mainz am Tage des heiligen Laurenzius, weil Gott es ihm in einer Vision aufgetragen hatte. Damals war der fromme Meister Konrad, ein Prediger des göttlichen Wortes, zugegen. Er rief die Menschen, die aus zahlreichen Gegenden zusammengekommen waren, dazu auf, daß ein jeder, dem Gott auf Grund des Gebetes und der Verdienste seiner Dienerin Elisabeth die Gnade der Gesundung erwiesen hätte, an einem bestimmten Tag vor dem Erzbischof erscheinen und mit Zeugen glaubhaft erklären sollte, was ihm durch Gottes Gnade zuteil geworden war. Daraufhin versammelte sich eine große Menge Menschen, welche die Gnade der Gesundheit empfangen hatten. Ihre Schilderungen, die sie mit ihrem Eid bekräftigten, ließ der Bischof Wort für Wort aufzeichnen, mit seinem und dem Petschaft anderer Prälaten siegeln und an den Päpstlichen Stuhl nach Rom senden. Der Heilige Vater, Papst Gregor IX., der zuvor schon um St. Elisabeths gottgefälliges Leben wohl wußte, ließ die Wunder der heiligen Elisabeth, die ihm der Erzbischof von Mainz mitgeteilt hatte, sorgfältig überprüfen. Gestützt auf weisen Rat, vor allem aber auf die ordnende Vorausschau der göttlichen Güte und Gnade, bestimmte er, daß die gottselige Elisabeth in die Gemeinschaft der Heiligen, die auf Erden gelebt haben, aufgenommen wurde, in jene Gemeinschaft, die eingeschrieben steht im Buch des ewigen Lebens und im Ewigen Reich ihre Freude findet. Vor aller Welt ließ der Papst sodann das gottgefällige Leben der heiligen Elisabeth und den Ruhm ihrer Wunder verkünden. Da entflammte aus tiefer Liebe die Gläubigkeit und das fromme Begehren der Menschen.

## Von der feierlichen Heiligsprechung und Erhebung der heiligen Elisabeth; und von der Bestätigung und Umwandlung ihres Grabes

In Anwesenheit der verehrungswürdigen Herren Patriarchen von Jerusalem und von Antiochia, sodann vieler verehrungswürdiger Erzbischöfe und anderer Bischöfe, zudem zahlreicher Prälaten, Geistlicher und Mönche, schließlich einer unüberschaubaren Menschenmenge fand am heiligen Pfingsttag im Monat Juni eine feierliche Prozession statt. Der Heilige Vater, der Papst, erhob die seliggepriesene Elisabeth, verlieh ihr einen großen Namen bei den Großen im Himmel. Er zählte sie den Heiligen zu, ließ sie zur Zahl der Heiligen hinzufügen, nannte sie gemeinsam mit anderen Heiligen und rief sie zusammen mit diesen an. Mit seinem Schreiben gebot er, daß die gesamte Christenheit alljährlich ihren Todestag feierlich begehen sollte. O die selige und würdige Frau, welche mit so vielen heiligen Vätern und Weisen durch die Autorität des Papstes zu so hohen Ehren erhoben worden ist; welche die höchste Würde erlangt hat, die es auf dieser Welt gibt. Ihr Platz ist unter den Heiligen, sie wird unter die Kinder des Höchsten gezählt. Zu solchen Ehren ist sie nach Gottes Ordnung zu Recht erhoben worden, weil sie während dieses Lebens, getragen von der Gnade der Demütigkeit, in ihrem Streben und Handeln alle Hoffart dieser Welt gemieden hat.

Die Heiligsprechung erfolgte in der Stadt Perugia, in einem Konvent des Predigerordens, im Jahre 1235 nach Gottes Geburt. An dieser Stelle wurde zu Ehren der heiligen Elisabeth ein Altar errichtet. Dazu gewährte der Papst all denen, die dahin kommen und dort andächtig beten, dreißig Tage Ablaß. Die Brüder dieses Konvents begehen das Fest der heiligen Elisabeth feierlich und singen Tag und Nacht nach der Gesangsmelodie des heiligen Dominikus.

Doch Gott, der die Demütigen erhebt, wollte seine Dienerin Elisabeth weiter erhöhen.

Den geheiligten Leichnam, der ständig um der Wunder willen

aufgesucht wurde, wollte Gott höher würdigen, ihn nicht länger an einem unansehnlichen Ort belassen und ihn aus dem Staub der Erde um seines Lobes willen erheben. Darum bewirkte der Heilige Geist durch seine Inspiration, daß die Gebeine der Frau, die mit Christus herrscht, von jenem schlichten Platz an eine würdigere und solcher Heiligkeit angemessenere Stätte überführt wurden. Zu diesem Zweck kamen Bischöfe, Fürsten, Prälaten, Geistliche und Laien an einem festgesetzten Tag in großer Zahl zusammen. Das Grab wurde geöffnet. Aus ihm heraus verbreitete sich nicht der Hauch der Verwesung, sondern ein angenehmer Geruch, ein lieblich-süßer Duft. Die damit betrauten Geistlichen begaben sich andächtig hinzu, hoben die geheiligten Gebeine feierlich aus der Erde und betteten sie in einen Sarg, den sie mit den Siegeln der Bischöfe sorgfältig versiegelten. St. Elisabeths Erhebung erfolgte einen Tag nach dem Tag der Apostel Philipp und Jacobus.

## Von dem frommen Begehren des Volkes. Und von dem Opfer, das dargebracht wurde

Da begehrten die Anwesenden aus tiefer Liebe und voller Andacht die Glieder des heiligen Leichnams, aus dem so große Gnade floß, zu sehen, zu berühren und zu küssen. Gesegnet ist die Erde, die solche Heiligkeit geborgen und bewahrt hat! Selig ist die Zeit, in der sich ein solcher Schatz der Gnadengaben zeigt! Denn dies ist wahrlich ein unermeßlicher Schatz, in dem der Arme Nahrung, der Reiche Ergötzen, der Sünder Vergebung und der Kranke Heilmittel findet. O heiliger Körper Elisabeths, wieviel vermagst du vor Gott und wie stark ist deine Kraft gegenüber den Menschen, daß du den Blinden das Augenlicht, den Tauben das Gehör, den Lahmen die Bewegungsfähigkeit und den Toten das Leben gibst. Nun muß sich die Torheit der Ketzer und die Blindheit der Juden fürchten! Denn der Glaube und die Wunderwerke St. Elisabeths beweisen die Torheit der Ketzer und die Blindheit der Juden. Nun hat die Weisheit dieser Welt zu schweigen! Denn diese Frau war auf einfältige Art weise und auf weise Art einfältig, und dadurch setzt sie die Welt in Verwirrung. Die Stätte ihrer Beisetzung besuchten die Engel, betrachteten die Herren wie das Volk, und das ganze Römische Reich trachtete danach, sie zu sehen. Wer wollte auch nicht zu einem so süßen Duft laufen? Da fließen die Salben der Tugend, da duften die Spezereien der Gnaden! In dem lieblichen Körper Elisabeths grünt die Wonne des Glaubens, von ihm geht die Glut und der süße Duft aller Christenheit aus. Wen wollte Frauenschönheit dieser Art nicht anziehen? wen solche Zierde der Heiligkeit nicht herbeilocken?

An der Zeremonie nahm der ruhmreiche Kaiser Friedrich teil, umgeben von Fürsten und Rittern; zu Ehren St. Elisabeths und als Zeichen ihrer königlichen Würde brachte er eine goldene Krone dar. Zugegen waren weiterhin Landgraf Heinrich von Thüringen, sein Bruder Konrad und ihre Mutter, Frau Sophie, mit zahlreichen anderen edlen und nichtadligen Personen. Sie umwandelten das Grab der heiligen Elisabeth und ehrten es mit Opfergaben und mit Gebeten. Anwesend war auch der verehrungswürdige Herr Erzbischof Siegfried von Mainz mit seinen Suffraganbischöfen und die verehrungswürdigen Väter, der Erzbischof von Köln und der Bischof von Bremen mit zahlreichen anderen Bischöfen. Sie alle begingen die Translation mit großer Feierlichkeit und Würde. Schließlich hatte sich aus vielen Gegenden und fernen Ländern eine Volksmenge versammelt, wie man sie in Deutschland so groß nie wieder gesehen hat. Und die Opfergaben waren so reich, daß ihr Wert sich gar nicht recht schätzen ließ.

## Das Zeugnis der göttlichen Kraft bei der Erhebung der Gebeine St. Elisabeths. Und von dem Öl, das von dem geheiligten Gebein floß

Mit Bewunderung kann man an diesem Werke Gottes Macht und Barmherzigkeit sowie seine liebliche Ordnung erkennen. Siehe, die Frau, die die Ehre dieser Welt verschmähte und die Gesellschaft der Edlen gering achtete, wird nun durch ein Pontifikalamt und die Huldigung der Kaiserlichen Majestät geehrt. Sie, die in diesem Leben den niedersten Ort erwählte, auf der Erde saß und in der Asche schlief, wird nun von königlichen und fürstlichen Händen in die Höhe erhoben; sie wird in den höchsten Rang der Christenheit gesetzt und übertrifft nun alle weltliche Ehre, denn sie ist in der ewigen Ehre den Heiligen gleich. Vor ihrem Angesicht beten die Reichen des Volkes, die Könige und Fürsten bringen ihr Opfer und Gaben dar, und alles Volk dient ihr. Das geschieht durchaus zu Recht; denn sie verkaufte ihren gesamten Besitz und teilte den Ertrag unter den bedürftigen Menschen aus. Die heilige Arme achtete irdisches Gut für nichtig, und dadurch hat sie diese Perlen erlangt und bezahlt.

Über all dies hinaus, womit St. Elisabeth in Gottes Kirche gewürdigt worden war, wollte Gott in seiner Gnade sie mit einem besonderen Zeichen beschenken. Als der Sarg, in den man die geheiligten Gebeine Elisabeths gelegt und den man mit den Siegeln der Bischöfe verschlossen hatte, tags darauf geöffnet wurde, fand man ihn üppig befeuchtet von himmlischem Tau. Das Benetzen hatte die Allmacht unseres Herrn Jesus Christus bewirkt, der das Öl des Heils aus den geheiligten Gebeinen fließen ließ. Es war nicht wenig, sondern eine große Menge, und ein süßer Geruch ging davon aus, gleich dem Duft aus dem Gefäß einer kostbaren Salbe.

Weil dieser Körper sich in vielen geistlichen Werken bemüht und bewährt und der Heilige Geist in ihm gewohnt hatte, wurde er nun zu einem wohlduftenden Salbgefäß. Die heilbringenden Tropfen des Öles konnte jedermann deutlich erkennen. Sie rannen aus dem heiligen Gebein, wie der Tau, der auf einen Grashalm fällt, und wenn die Tropfen herabgeflossen waren oder abgestrichen wurden, bildeten sich so wie Schweißperlen an einem Körper geschwind neue. In der Tat, es war ein großes Wunder! Der wohlgestaltete und sprießende Ölbaum Elisabeth, blühend in den Tugenden, fruchtbar in der Milde und schön geschmückt mit wirksamen Heilmitteln, trug in Gottes Hause, das heißt in der Christenheit, wohlschmeckende, heilspendende Früchte. Zudem hatte sie der Heilige Geist mit dem Öl der Tugenden und der Sanftmut gesalbt, und sie bewies in ihrem Wirken Friedsamkeit. Durch das gute Beispiel ihres frommen Lebens schenkte sie kranken Seelen ein Heilmittel. Viele Tausende armer Menschen sättigte sie mit ihrem Brot. Die ganze Kirche, das ist die Christenheit, erleuchtete sie mit ihrem Zeichen und mit den Wundern, die Gott durch sie bewirkte. Verdientermaßen wurde sie deshalb mit dem Wunderzeichen des süßen und lieblich duftenden Öles geschmückt, denn ihre Heiligkeit strahlt in lichtem Scheine, besänftigt milde, gibt Speise im reichen Maße und verbreitet eine Fülle lieblichen Duftes. Viele, unzählige weitere Zeichen und Wunder hat sie bewirkt, die wir jetzt nicht aufschreiben; wir haben vielmehr nur von einigen wenigen knapp gehandelt.

## Ein kurzer Bericht von den Wunderwerken der heiligen Elisabeth

Wie St. Elisabeth, die auserwählte Dienerin Gottes, in ihrem Leben viele Zeichen bewirkt hat, so ist sie seit dem Tage ihres seligen Todes bis auf unsere Zeit in manchen Ländern mit zahlreichen Wunderwerken erschienen, durch welche Gottes Majestät sie geehrt hat. Sie erlangt für die Blinden, Stummen, Tauben, Wassersüchtigen, Gichtkranken, Besessenen und Aussätzigen Gesundheit und steht den Schiffbrüchigen, den Gefangenen, kurz allen Betrübten zur Seite. Von Gott hat sie für sechzehn Tote das Leben, für neunundzwanzig Blinde das Augenlicht, für sechzehn Lahme das

Gehvermögen, für fünf Stumme die Sprache, für vier Taube das Gehör, für sieben Wassersüchtige die Gesundheit wiedererlangt; fünf Kranke heilte sie von der Fallsucht und fünf von der Gicht, für sechzehn Bettlägerige erlangte sie von Gott die Gesundheit; sieben, die unter Geschwülsten litten, zwei, die der Schlagfluß getroffen hatte und einer mit Harnsteinen – alle gesundeten sie; sechzehn vom bösen Geist Besessene fanden Genesung. Auf diese Weise hat der Höchste in seiner göttlichen Majestät ihre Heiligkeit kundgetan. Ihm sei Ehre und Preis von Ewigkeit zu Ewigkeit. Amen.

# Anhang

Auf die Heiligsprechung Elisabeths von Thüringen wirkte zuerst und vor allem Konrad von Marburg hin, dessen geistlicher Führung und weltlicher Obhut Papst Gregor IX. die Landgräfin anvertraut hatte. Bald nach deren Tod setzten Konrads Bemühungen ein: Am 10. August 1232, dem Tage des heiligen Laurentius, nutzte er die Anwesenheit des Mainzer Erzbischofs Siegfried III. und mehrerer Prälaten in Marburg, um deren Augenmerk nachdrücklich auf die im Volk kursierenden Berichte von Wundern Elisabeths zu lenken. Gemeinsam mit mehreren Äbten und Magister Konrad ließ der Erzbischof daraufhin insgesamt 60 derartige Schilderungen protokollieren und durch Zeugen beeiden. Die Dokumente sandte er zusammen mit einer »Summa vitae«, einem Lebensabriß Elisabeths aus der Feder Konrads, nach dem 11. August 1232 an den Heiligen Stuhl. In seinem Begleitschreiben trug er die Bitte vor, Elisabeth heilig zu sprechen. Dieser Akt, so fügte er hinzu, werde nicht allein dazu beitragen, die Lügen der Ketzer zu widerlegen, sondern auch Gott zur Ehre und seiner Kirche zum Heil gereichen. Gregor IX., der wenige Jahre zuvor, am 12. Juli 1228, seinen Freund Franz von Assisi kanonisiert hatte, sicherte mit Schreiben vom 12. Oktober 1232 den Besuchern des von Elisabeth gestifteten Marburger Hospitals sowie der zugehörigen Kirche Ablaß zu. An den beiden darauffolgenden Tagen ließ er, weil die Beglaubigung der Mirakelschilderungen allem Anschein nach die obwaltende Eile verriet, dem Erzbischof sowie Konrad Regulative für die Verfahrensweise bei den Zeugenvernehmungen zugehen und ersuchte um die Übersendung einer Lebensbeschreibung Elisabeths. Dies legt die Vermutung nahe, daß das Kanonisationsverfahren mittlerweile eingeleitet worden war. Im November/Dezember 1232 stellte die Prüfungskommission, der außer dem Bischof und Magister Konrad noch der Zisterzienserabt Raimund von Eberbach angehörte, ein Schreiben an den Papst fertig; es enthielt neben einer Einleitung die »Summa vitae« und einen Bericht über nunmehr 106 Mirakel. Das Dokument verblieb zunächst in Marburg, da man die päpstliche

Anforderung der Epistel abwartete. Diese erging erst am 11. Oktober 1234, verbunden mit der Anweisung, erforderlichenfalls neue Berichte anzufertigen. Bischof Konrad II. von Hildesheim und der Georgenthaler Abt Hermann wurden mit einer erneuten Prüfung der Mirakelberichte betraut. Zum Abschluß ihrer Untersuchungen übersandten jene am 1. Januar 1235 dem Papst ein Verzeichnis der von ihnen sämtlich überprüften Schilderungen von Wundern Elisabeths, deren Zahl inzwischen auf 129 angewachsen war, und ein Büchlein protokollierter Zeugenaussagen zu Leben und Sterben der Landgräfin, den sogenannten »Libellus de dictis quatuor ancillarum s. Elisabeth confectus«.

Der Wortlaut der Dokumente ist überliefert. In ihnen fand besonders die früh einsetzende Legendenbildung eine reichhaltige Materialsammlung; die moderne Forschung besitzt mit ihnen wichtige biographische und zeitgeschichtliche Quellen.

Die Heiligsprechung Elisabeths von Thüringen nahm Gregor IX. am 27. Mai 1235 in Perugia vor; zu ihrem Fest wurde der 19. November bestimmt. Die Kanonisationsbulle »Gloriosus in maiestate« (Ruhmreich in seiner Herrlichkeit) trägt das Datum des 1. Juni 1235. Am 1. Mai 1236 erfolgte in Gegenwart Kaiser Friedrichs II. und zahlreicher Bischöfe in der Wallfahrtskirche von Marburg die Translation der Gebeine St. Elisabeths.

Die Deutschordensritter waren 1230 nach Marburg gekommen, am 18. November 1234 war Elisabeths Schwager Konrad von Türingen dem Orden beigetreten. Kanonisierung und Translation beinhalteten zweifellos auch eine Stärkung des Deutschen Ordens. Vor allem aber wurde auf diese Weise einer Lebensführung in tiefster Christgläubigkeit und freiwilliger Demut sowie einem aufopferungsvollen Wirken im Dienste christlicher Nächstenliebe das Prädikat religiöser Vorbildhaftigkeit zuerkannt und die höchste kirchliche Würdigung zuteil.

Elisabeth entstammte der ersten Ehe des ungarischen Königs Andreas II. mit Gertrud von Andechs-Meranien. Ihr Geburtstag und -ort sind nicht sicher bekannt. Sie wurde (vermutlich am

7. Juli) 1207 wahrscheinlich auf der Burg Sárospatak im Norden Ungarns geboren. Mütterlicherseits war sie mit dem Bamberger Bischof Ekbert, der schlesischen Herzogin Hedwig und der Kitzinger Äbtissin Mechthild verwandt. Wie bereits die Ehe ihrer Eltern üblicherweise aus politischen Motiven geschlossen worden war, so geriet auch Elisabeths Person und Schicksal zum Spielball machtpolitischen Kalküls: Um ihr Bündnis gegen den Stauferkönig Philipp von Schwaben zu erhärten, vereinbarten ihr Vater und Landgraf Hermann I. von Thüringen ein Jahr nach der Geburt Elisabeths deren Verlobung mit des Thüringers erstgeborenem, damals etwa elfjährigem Sohn Hermann. Im Alter von vier Jahren wurde die Königstochter nach Eisenach an den Landgrafenhof gebracht. Gemeinsam mit einem gleichaltrigen Mädchen namens Guda erhielt sie dort eine standesgemäße Erziehung und Bildung. Durch die Erlebnisse, Erfahrungen und Eindrücke ihrer Kindheit dürften die Weltsicht, vor allem jedoch das persönliche Verhalten in den späteren Jahren nicht unwesentlich mitgeprägt worden sein. Fern von den Eltern aufwachsend, blieb sie wohl ohne eine erwachsene Person ihres Vertrauens.

Der ›freigebige‹ Landgraf gehörte zu den mächtigsten Fürsten im Reich; er war um die Erhaltung und Mehrung seines Feudalbesitzes mit allen Mitteln bemüht und als politischer Partner von gefährlicher Unzuverlässigkeit. Der Dichtkunst verbunden, gewährte er an seinem Hof prominenten Dichtern wie Walther von der Vogelweide und Wolfram von Eschenbach zeitweise eine Heimstatt. Die Landgräfin Sophie aus dem Geschlecht der bayerischen Wittelsbacher war eine Frau von ausgeprägter Frömmigkeit, die bald nach dem Tode ihres Gatten in das Katharinenkloster zu Eisenach eintrat.

Elisabeths Kindheit in Thüringen blieb von Ereignissen, die das Mädchen psychisch belasten mußten, nicht verschont. Der Hang der jungen Frau, sich aus den äußeren Zwängen der höfischen Etikette zu lösen, wie er sich später unter anderem in der Geringschätzung von Zeremoniell und Kleiderordnung, ferner in dem undistanzierten persönlichen Zugehen der Fürstin auf Hilfsbedürftige manifestierte, dürfte seine Wurzeln auch in einer unbewußten Aversion der Heranwachsenden gegenüber den Inhalten und Prinzipien der Adelserziehung sowie deren Vermittler haben.

Im Jahr 1213 fiel ihre Mutter Gertrud einer Erhebung ungarischer Edelleute zum Opfer. Als Elisabeths Verlobter Hermann 1216 starb, wurde das Mädchen dessen 1200 geborenem Bruder Ludwig zur Frau bestimmt. Geistig umnachtet verschied 1217 Hermann I. Darauf übernahm sein zweiter Sohn als Ludwig IV., Landgraf von Thüringen und Pfalzgraf von Sachsen, die Regierung. 1221 heiratete er die vierzehnjährige Elisabeth.

Das Verhältnis der beiden Ehepartner zueinander gründete sich offenbar auf herzliche gegenseitige Liebe. Elisabeths tiefer Religiosität begegnete der Landgraf mit der Achtung des Gleichgesinnten. Er tolerierte ihre asketische Lebensweise und kräftezehrenden geistlichen Exerzitien. Ihrem Sinn für Gerechtigkeit gewährte er Entfaltungsraum. Auf die Werke ihrer Barmherzigkeit und Wohltätigkeit blickte er voll Verständnis.

Elisabeth hatte Anteil an der Gründung eines Spitals in Gotha. Dem Bettelorden der Franziskaner, der 1225 nach Eisenach kam, stiftete sie eine Kapelle. Als Ludwig im Frühjahr 1226 zum Kaiser nach Italien gereist war und mehrere Monate fern von Thüringen weilte, wurde Deutschland von einer Hungersnot betroffen. Da ließ die Landgräfin in Eisenach ein Spital errichten, kümmerte sich persönlich um die Kranken und gab die Anweisung, Vorräte unter den Bedürftigen zu verteilen.

Drei Kinder gingen aus ihrer Ehe hervor: Hermann (geb. 1222), der von 1239 bis 1242 als Landgraf herrschte; Sophie (geb. 1223), seit 1247 Gemahlin des Herzogs von Brabant; und Gertrud (geb. 1227, kurz nach Ludwigs Tod), die spätere Äbtissin von Altenberg.

Geistlicher Führung hatte sich Elisabeth bald nach ihrer Vermählung anvertraut. Von 1223 bis 1226 stand ihr der Franziskaner Rodeger, ein Laienbruder, zur Seite, der sie vermutlich mit den Lehren seines Ordensgründers näher bekannt machte. 1226 wurde Magister Konrad von Marburg ihr Beichtvater und geistlicher Geleiter. Der hochgebildete Mann übte gegen sich wie gegen seine

Mitmenschen eine unerbittliche religiöse Strenge. Der Papst bediente sich seiner zeitweilig als Kreuzprediger, beauftragte ihn 1227 u.a. mit der Ketzerverfolgung in Deutschland und übertrug ihm 1231 das Amt eines selbständigen Ketzerrichters. Konrad genoß das uneingeschränkte Vertrauen des jungen Landgrafen, so daß dieser ihm für die Zeit seiner Kreuzfahrt die Verwaltung der Thüringer Kirchenlehen überantwortete. Ihm gab Elisabeth im Eisenacher Katharinenkloster unter dem Vorbehalt der ehelichen Rechte ihres Mannes das Versprechen des Gehorsams und – falls sie ihren Mann überleben sollte – der Ehelosigkeit.

Am 24. Juni brach Ludwig zur Teilnahme an einem Kreuzzug des Kaisers auf; am 11. September 1227 raffte ihn in Otranto eine Seuche dahin. Da sein Sohn Hermann noch nicht regierungsfähig war, ging die Herrschaft in Thüringen an dessen zwei Vormünder, Ludwigs Brüder Heinrich und Konrad. Elisabeth verließ, sei es freiwillig, sei es gezwungenermaßen mit ihren Kindern die Wartburg und suchte in Eisenach Herberge. In Anbetracht ihrer Situation bestimmte der Papst 1228 Magister Konrad zu Elisabeths Defensor und übertrug ihm damit deren weltlichen Schutz. Elisabeth gelobte am 24. März 1228 im Beisein Konrads freiwillige Armut und Verzicht auf jede eigene Entscheidung. Nach einem kurzen Aufenthalt auf Burg Pottenstein, wo ihr Onkel, Bischof Ekbert, sie aufgenommen hatte und von wo aus sie zum Empfang der Gebeine Ludwigs nach Bamberg reiste, übersiedelte sie 1228 nach Marburg. Dort empfing sie zusammen mit ihrer Vertrauten Guda aus den Händen ihres Beichtvaters das graue Gewand und lebte fortan gemeinsam mit einigen ihrer Dienerinnen als Hospitalschwester in freiwilliger Armut, im Dienste der Kranken und im bedingungslosen Gehorsam gegenüber Konrad. Diesem gelang es, Elisabeths Vermögen sicherzustellen – sowohl gegenüber der landgräflichen Familie als auch vor der Spendefreudigkeit seiner Schutzbefohlenen. Die letzten Lebensjahre bedeuteten für sie ein erfülltes Leben in der Nachfolge Christi. Sie gründete ein Hospital, das sie unter das Patronat des heiligen Franziskus stellte, und wirkte fortan im selbstlosen Dienst für Kranke und Arme. Mußte die Zeitgenossen neben den Wundern, als deren Vermittlerin gegenüber dem Allmächtigen sie galt, und neben dem unbedingten Streben nach der Imitatio Christi, das diese Frau beseelte, nicht vor allem der anscheinend grelle Gegensatz zwischen Elisabeths tiefster sozialer Selbsterniedrigung, dem konsequenten Befolgen urchristlicher Gebote einerseits und ihrer fürstlichen Abstammung von europäischem Hochadel andererseits beeindrucken? In der vorliegenden Fassung der Legende deutet sich dies punktuell jedenfalls an. Indessen fand Elisabeths Haltung ihre Entsprechungen in der religiösen Frauenbewegung des hohen Mittelalters. In Deutschland, Frankreich, Italien, Belgien suchten zahlreiche Frauen aus Kreisen des Adels sowie des städtischen Patriziats die religiöse Erfüllung ihres Daseins in der Verachtung materiellen Wohlstands, in der Armut, in der Ehelosigkeit, in dem Verzicht darauf, das unrechtmäßig Erworbene zu verzehren, in der Selbsterniedrigung, in karitativem Wirken und dem Erlangen des Lebensnotwendigen durch Almosen oder Arbeit. Der Verzicht sollte ihnen zum Verdienst gereichen. Damit verband sich nicht zwangsläufig der Eintritt in ein Kloster. Die Kirche stellte aber den Betreffenden geistliche Berater und Seelenführer zur Seite. Dieses Amt übte Konrad gegenüber seiner Schutzbefohlenen nach seinem Verständnis aus. Er suchte sie auf den Weg zur Vollkommenheit zu führen, indem er ihre Lebensführung detailliert regulierte, ihre persönlichen Kontakte nach seinem Ermessen einschränkte oder erweiterte, von ihr absoluten Gehorsam forderte und sie bei Verstößen gegen seine Bestimmungen demütigte und züchtigte.

Elisabeth starb in der Nacht vom 16. auf den 17. November 1231 in Marburg; vier Tage später, am 19. November wurde sie bestattet. Sogleich nach ihrem Ableben hörte man von Wunderheilungen, die sich nach ihrer Anrufung begeben hatten.

Konrad von Marburg war es nicht mehr beschieden, die Kanonisierung seiner Schutzbefohlenen zu erleben. Er wurde am 30. Juli 1233 ermordet.

Die erste umfassende Lebensbeschreibung Elisabeths unter Einbezug des Legendarischen verfaßte Dietrich von Apolda, ein Dominikaner aus Erfurt. Sein Werk »Vita S. Elisabeth«, in wohlstilisiertem Mittellatein geschrieben, entstand in der Zeit von 1289 bis um 1297 und gründete auf den eingangs erwähnten Dokumenten sowie auf weiteren einschlägigen Mitteilungen von Zeitgenossen.

In der Folgezeit wurde es vielfach kopiert. Die ursprüngliche Textfassung erfuhr dabei nicht selten Veränderungen, vor allem Erweiterungen. Daher ist die Elisabeth-Vita in zahlreichen Handschriften und Redaktionen auf uns gekommen. Daneben entstanden Übersetzungen in das Mittel- und Frühneuhochdeutsche, darunter auch eine in paarweise gereimten vierhebigen Versen. 1520 erschien eine Prosafassung, mit Holzschnitten versehen, zu Erfurt im Druck.

Die Vita steht im Dienste der Elisabethverehrung. Bei der Darstellung des Lebensganges wurden vor allem jene Wesenszüge und Verhaltensweisen akzentuiert, durch die sich die Heilige hoch über die Schar der Christen erhob: der Status ihrer Erwähltheit, ihre Gottesnähe und Gottergebenheit, ihr unablässiges und konsequentes Streben nach der Imitatio Christi, ihr Gehorsam im Glauben, ihre Demut, Leidensbereitschaft, Opferwilligkeit, schließlich die ihr zuteilgewordenen oder durch ihre Fürsprache bewirkten Wunder. Neben der Würdigung soll die literarische Gestaltung eines im christlichen Sinne vorbildhaften Lebens zur Nachahmung anregen. Dabei läßt die Wiedergabe realgeschichtlicher Gegebenheiten öfter Sorgfalt vermissen. (So wird zum Beispiel auch in unserer Fassung Elisabeths Ehemann Ludwig fälschlich als erstgeborener Sohn des Landgrafen Hermann von Thüringen bezeichnet.) In den verschiedenen Bearbeitungen und Übersetzungen der Elisabeth-Vita erscheint diese psychagogische Intention mit unterschiedlicher Akzentuierung und in graduell verschiedener künstlerischer Formung realisiert. Die Absicht aber ist in jedem Falle unverkennbar. Wenn sie freilich mit gleichsam agitatorischem Nachdruck und durch ständige Wiederholung vermittelt werden soll, droht auch hier – und das dürfte wohl nicht nur bei dem modernen Leser geschehen – eine gegenteilige Wirkung einzutreten; das geheiligte Leben erscheint zum bloßen Zweck hin abgewertet.

In der Vorrede seines 1835 erschienenen Werkes »Elisabeth die Heilige« beschreibt der Marburger Theologe und Elisabeth-Forscher Karl Wilhelm Justi (1767-1846) unter den Quellen der Arbeit einen in seinem Besitz befindlichen Textzeugen. Es handle sich dabei um »ein schön geschriebenes, in deutscher Sprache verfaßtes, Manuskript, Dietrich's von Thüringen Leben der heil. Elisabeth und einige Andachten an diese Heilige enthaltend, in rothen Safian gebunden, mit mehreren netten kleinen Miniatur-Gemälden, auf Pergament, geziert« (S. XXXII ff.). In der modernen Fachliteratur fand die Handschrift zwar ebenfalls Erwähnung; da sie aber lange Zeit in privater Hand und für wissenschaftliche Untersuchungen nicht verfügbar war, bilden ihre Edition und ihre literaturwissenschaftliche Untersuchung noch immer Desiderate der Forschung[1]. 1976 konnte das Deutsche Buch- und Schriftmuseum der Deutschen Bücherei in Leipzig die Handschrift erwerben (Klemm-Sammlung I, 104).

Eine knappe Beschreibung der Zimelie samt Abbildung einer Text- und Bildseite erschien in dem Heft ›Schätze aus dem Deutschen Buch- und Schriftmuseum‹. Leipzig. Deutsche Bücherei 1984. Neujahrsgabe der Deutschen Bücherei 1984, S. 8 f.

Das Manuskript umfaßt, jeweils im Format 147 x 105 mm, 270 Blatt Papier, die bei einem Schriftspiegel von 89 x 64 mm im allgemeinen mit 15 Zeilen beschrieben sind, und sieben sporadisch in den Legendentext eingefügte, beiderseits mit Miniaturen versehene Pergamentblätter. Die Schriftform ist eine Textura. Kapitelüberschriften sind rubriziert. Initialen, in drei verschiedenen Größen gestaltet und mit roter und blauer Farbe ausgeführt, schmücken die Schrift. Einem Vermerk auf dem letzten Blatt (277 v) zufolge wurde das Büchlein im Jahre 1481, am Tage vor dem

1 Vgl. Lomnitzer, Helmut: Zu deutschen und niederländischen Übersetzungen der Elisabeth-Vita Dietrichs von Apolda. In: ZfdPh 89, 1970, S. 61; ders.: »Dietrich von Apolda«. In: Die deutsche Literatur des Mittelalters. Verfasserlexikon. Bd. 2, 1980, col. 107. – Die Handschrift befand sich lange Zeit in Privatbesitz und stand für wissenschaftliche Untersuchungen nicht zur Verfügung.

Fest Mariae Verkündigung, d.h. am Sonnabend, dem 24. März, vollendet, geschrieben und illuminiert »von schwester Elysabeth schriberin oder vogtin«, welche sich frommem Gedenken empfahl.

Die sprachliche Gestalt des Textes bildet eine am südwestlichen Oberdeutsch orientierte Schreibsprache. Unter der ersten Miniatur weist der – später durchgestrichene – Vermerk »den Clarissinen zu Freyburg im breisgaug gehöhrig« die allem Anschein nach ursprünglichen Eigentümerinnen aus.

Kunst- und mentalitätsgeschichtliches Interesse beanspruchen die insgesamt 14 farbigen bildkünstlerischen Darstellungen zur Elisabethlegende im ersten, hagiographischen Teil der Handschrift. »Die Typisierung der Figuren, besonders die runden, puppenartigen Gesichter, die ornamentalen Hintergründe, die schematisierte Behandlung der Gewänder und des wiesenartigen Bodens mit Pünktchen und Blümchenmotiven sowie die Figurenkomposition in der Fläche sind charakteristisch für die Schule, aus der die Miniaturen offenbar stammen. Es besteht engste Verwandtschaft zu Miniaturen einer deutschsprachigen Franziskuslegende, die in der Staatlichen Graphischen Sammlung in München aufbewahrt werden, und zu einer Legende der hl. Klara in der Badischen Landesbibliothek Karlsruhe, die ebenfalls ursprünglich dem Klarissenkloster in Freiburg gehörte« (ebenda). Die Vermutung liegt darum nahe, daß die Miniaturen in Freiburger Nonnenklöstern, wahrscheinlich in dem 1279 gegründeten Klarissenkloster entstanden sind.

Von der Fassung der Elisabeth-Vita wird hier zum ersten Mal eine Übersetzung vorgelegt. Diese folgt dem Original in möglichst enger Nähe. Dabei mußte jedoch die weithin bestehende Gleichförmigkeit seiner Diktion behutsam aufgegeben werden. Auch Weitschweifigkeit und Unbeholfenheit des Ausdrucks erfuhren eine vorsichtige Komprimierung bzw. Glättung. An einer Stelle (S. 14) weist der Satz eine Lücke auf; der Gedanke wurde nach der lateinischen Vorlage ergänzt, den Zusatz kennzeichnen eckige Klammern.

Die Elisabeth-Biographie ist reich geschmückt mit offensichtlichen und versteckten Zitaten aus der Bibel, aus liturgischen und anderen Texten. Mit Rücksicht auf das Gebot der Raumersparnis mußte darauf verzichtet werden, sie im einzelnen nachzuweisen.

Die Literatur über die heilige Elisabeth ist Legion. Vier jüngere Werke mögen Interessierten helfen, weiteren Aufschluß über Elisabeth, ihre Epoche und die Merkmale hagiographischer Schriften zu erlangen:


Die Vita der heiligen Elisabeth des Dietrich von Apolda. Hg. von Monika Rener. Marburg 1993 (Veröffentlichungen der Historischen Kommission für Hessen. 53).

Das Leben der heiligen Elisabeth. Von einem unbekannten Dichter des 14. Jahrhunderts. Aus dem Mittelhochdeutschen übersetzt und herausgegeben von Manfred Lemmer. Berlin 1981.

Sankt Elisabeth. Fürstin, Dienerin, Heilige. Aufsätze, Dokumentation, Katalog. Ausstellung zum 750. Todestag der hl. Elisabeth. Marburg. Landgrafenschloß und Elisabethkirche. 19. November 1981 – 6. Januar 1982. Hg. von der Philipps-Universität Marburg in Verbindung mit dem Hessischen Landesamt für geschichtliche Landeskunde. Sigmaringen 1981.

Dieter von der Nahmer: Die lateinische Heiligenvita. Eine Einführung in die lateinische Hagiographie. Darmstadt 1994.


*Rainer Kößling*

## Die wichtigsten der im Text erwähnten Personen

*Andreas II., König von Ungarn* (1205 bis 1235), Vater Elisabeths.

*Gertrud von Andechs-Meranien* (ermordet 1213), erste Gemahlin König Andreas' II. von Ungarn; Mutter Elisabeths.

*Hermann I.* (um 1155-1217), Pfalzgraf zu Sachsen, seit 1190 Landgraf von Thüringen; seine Mutter Jutta war die Schwester Kaiser Friedrichs I. Barbarossa. Im Thronstreit zwischen Staufern und Welfen wechselte er wiederholt die politische Partei, um sich schließlich auf die Seite seines Neffen Friedrichs II. zu stellen.

*Sophie*, die Tochter Herzog Ottos I. von Bayern, war seit 1196 die zweite Gemahlin Hermanns I. von Thüringen.

*Ludwig IV.* (1200-1227), seit 1217 Landgraf von Thüringen; heiratete 1221 die ungarische Königstochter Elisabeth.

*Ekbert von Andechs-Meranien*, Bischof von Bamberg (1203 bis 1208 und 1211 bis 1237), Bruder der Mutter Elisabeths; er nahm Elisabeth nach dem Tode Ludwigs IV. zeitweilig auf seiner Burg Pottstein in Franken auf und hegte die Absicht, seine Nichte wieder zu verheiraten.

*Mechthilt von Andechs-Meranien*, Äbtissin des Klosters Kitzingen (1214 bis 1254), eine Schwester der Mutter Elisabeths.

*Ottokar I.*, König von Böhmen (1198 bis 1230); Vetter Hermanns I. von Thüringen.

*Guda*: Vertraute und Dienerin Elisabeths.

*Isentrut* von Hörselgau: Vertraute und Dienerin Elisabeths.

*Konrad von Marburg* (ermordet 1233), päpstlicher Kreuzzugsprediger, Ketzerinquisitor für Deutschland und selbständiger Ketzerrichter; dem Ideal der Armut und des Gehorsams fest verbunden; Beichtvater und Berater Ludwigs IV. in geistlichen Fragen; für Elisabeth war er Beichtvater, Seelenführer und Schutzvogt. Mit der Darstellung ihres Lebensganges sowie der – durch ihn primär veranlaßten – Aufzeichnung der Wunderheilungen hatte er einen wichtigen Anteil an der Heiligsprechung der Landgräfin.

*Gregor IX.* (Papst von 1227 bis 1241), eigtl. Hugo von Segni; der Freund des Franziskus von Assisi galt als bedeutender Jurist seiner

Zeit; von 1207 bis 1209 war er päpstlicher Legat in Deutschland.

*Albertus Magnus* (um 1200-1280), Scholastiker und universaler Gelehrter des Mittelalters.

*Dietrich von Apolda* (um 1228 bis um 1300), Dominikaner in Erfurt. Er verfaßte, auf ausgiebigen Quellenstudien fußend, ab 1289 in lateinischer Sprache eine Biographie der heiligen Elisabeth; daneben schrieb er eine Vita des heiligen Dominicus.

Verlag und Herausgeber danken der ›Deutschen Bibliothek/Deutsches Buch- und Schriftmuseum‹ in Leipzig, in deren Besitz sich die dieser Ausgabe zugrundeliegende mittelalterliche Handschrift befindet, für die freundliche Unterstützung beim Zustandekommen der Ausgabe.

# Inhalt

Anhang